DES

OBLIGATIONS INDIVISIBLES

DISSERTATION

POUR

LE DOCTORAT,

Présentée à la Faculté de Droit de Toulouse,

CONFORMÉMENT A L'ARTICLE 1er DE L'ARRÊTÉ DU 5 DÉCEMBRE 1850,

Par M. Edmond BESSE,

Avocat,

DE CAUSSADE (TARN-ET-GARONNE).

TOULOUSE,
IMPRIMERIE DE A. CHAUVIN ET COMPe,
RUE MIREPOIX, 3.

—

1852.

DES

OBLIGATIONS INDIVISIBLES

DISSERTATION

POUR

LE DOCTORAT,

Présentée à la Faculté de Droit de Toulouse,

CONFORMÉMENT A L'ARTICLE 1er DE L'ARRÊTÉ DU 5 DÉCEMBRE 1850,

Par M. Edmond BESSE,

Avocat,

DE CAUSSADE (TARN-ET-GARONNE).

TOULOUSE,
IMPRIMERIE DE A. CHAUVIN ET COMP^e,
RUE MIREPOIX, 3.

1852.

A MON PÈRE.

A MES PARENTS.

A tous mes Amis.

AVANT-PROPOS.

Si la matière des obligations indivisibles a sus-
cité tant de difficultés dans le droit antérieur,
c'est que l'on a omis de procéder avec méthode.
On a dit et répété souvent que, sans une bonne
méthode, il est impossible d'obtenir des résultats
avantageux, et en cela on n'a fait qu'exprimer la
voix de la raison. En droit, les matières pas plus
que les questions ne sauraient être assujetties à
une loi absolue et immuable, puisque l'uniformité
n'existant point dans le domaine de la nature, à
plus forte raison n'existera point dans celui de
l'intelligence. Il faut donc établir des catégories
et des distinctions. Alors, mais alors seulement,
les nuances infinies que présente le droit pren-
nent chacune la forme et la couleur qui leur convient. Faute d'avoir suivi cette marche, les auteurs
modernes ont eu à lutter contre des difficultés
insolubles ; dès-lors on aurait tort de s'étonner

qu'ils soient tombés dans d'inextricables erreurs. Au lieu de distinguer avec soin les diverses espèces d'indivisibilités, il les ont confondues. Au lieu de rechercher les caractères généraux que présente l'obligation indivisible, ils se sont évertués à approfondir si telle obligation, considérée individuellement, est divisible ou non. Au lieu de marquer, comme le dit Dumoulin lui-même, une différence entre l'obligation divisée et l'obligation divisible ou seulement susceptible de division, entre l'acte envisagé en lui-même et la possibilité de ce même acte, ils n'en ont établi aucune. Aussi ont-ils fait nécessairement fausse route, prenant toutes les voies qui pouvaient aboutir à cet unique résultat.

Ainsi donc, pas assez de distinctions, trop de détails, tels sont les caractères du droit antérieur. La législation romaine, comme on peut s'en convaincre en étudiant les titres portant pour rubrique : *De solutionibus, de verborum obligationibus*, présentait les mêmes inconvénients, et cela par identité de motifs.

Profitant du travail de ses devanciers, Dumoulin, jurisconsulte qui florissait dans le seizième siècle, entreprit de bâtir sur des ruines un édifice beau, solide et durable. Son traité, intitulé : *De dividuis et individuis*, dénote un esprit juste et profond. Là où les autres n'avaient mis que la confusion, là il sut introduire la simplicité. La clarté et l'abondance, il les a poussées pour ainsi dire jusqu'à l'excès. Aussi lui reproche-t-on ses divisions et ses subdivisions multiples; mais, il faut le dire à sa louange, il compensa ce défaut en illuminant, par des observations judicieuses et pleines de fond, une matière si obscure, si aride et si épineuse.

Pour connaitre toutes les parties de l'édifice, il fallait en ouvrir une à une et successivement les portes. De là les clefs dont parle souvent Dumoulin dans son ouvrage, qu'avec raison il a intitulé : *Extricatio labyrinthi dividui et individui.* Chaque clef représente une difficulté dont il a dégagé la matière.

Après un long et pénible travail, Dumoulin est arrivé à une classification qui embrasse tous les cas d'indivisibilités possibles. On put dire dès-lors que les jalons de la matière étaient posés et que l'étude des spécialités demeurait seule réservée à ses successeurs.

Il reconnaît trois espèces d'indivisibilités : la première, qu'il appelle l'*individuum contractu,* c'est l'indivisibilité absolue ou réelle; elle résulte de l'essence des choses. La seconde, qu'il désigne sous le nom d'*individuum obligatione,* ne repose que sur la fiction; partant, on ne doit en traiter qu'après avoir parlé de l'indivisibilité réelle, qui est l'indivisibilité par excellence. Enfin il existe une troisième espèce, qui n'est fondée ni sur la réalité ni sur la fiction ; elle affecte l'obligation uniquement dans son exécution. Ce n'est donc qu'improprement qu'elle porte le nom d'indivisibilité. Cette troisième espèce d'obligation indivisible, si distincte des deux autres, Dumoulin l'appelle l'*individuum solutione*.

Pothier, qui est venu après Dumoulin, n'a fait que reproduire son travail, en y ajoutant quelques réflexions. Son *Traité sur les obligations indivisibles* offre cependant plus d'attrait, comme étant à la fois et plus simple et plus clair. On sait que ce grand jurisconsulte réunissait ces deux qualités, et à un suprême degré.

De même que Pothier avait copié Dumoulin ; de même les rédacteurs du Code Napoléon ont copié Pothier. Et comme ces deux savants auteurs se sont trompés dans certains cas, ils ont été nécessairement induits en erreur dans les mêmes hypothèses. Mais heureusement pour eux, les fausses opinions qu'avaient émises leurs devanciers étaient peu nombreuses ; aussi leur travail a-t-il été couronné de succès.

Nous suivrons la même marche qu'eux, en nous inspirant, dans le chemin que nous allons parcourir, de leur esprit et de leurs idées. Nous citerons leurs textes, et cette citation, en même temps qu'elle sera un hommage rendu à l'autorité, nous

aidera à résoudre plusieurs questions controversées.

Dumoulin s'appuyait sur le droit romain pour
baser ses théories; aussi ne ferons-nous point
difficulté de citer quelques fragments du Digeste.
Outre que les raisonnements seront plus solides,
l'historique de la matière y gagnera.

L'obligation indivisible ne se conçoit bien que
quand on la distingue avec soin de l'obligation
divisible et de l'obligation solidaire. Par là, on la
sépare nettement de tout ce qui de près ou de loin
peut avoir avec elle quelque rapport. Aussi aurons-
nous souvent besoin dans notre composition de
traiter de la divisibilité et de la solidarité, ces
matières se rattachant d'une manière intime à
l'obligation indivisible. D'ailleurs on ne connaît
jamais bien une matière avant d'avoir saisi les
traits communs et les différences qu'elle présente
par rapport à d'autres.

Si nous avions apporté dans notre œuvre quelque clarté, quelque lueur nouvelle, si faible
qu'elle fût, nous nous estimerions heureux, et
notre tâche serait parfaitement remplie. Plus for-
tuné que nous, un adepte de la science, aspirant
au même honneur, profiterait avec intelligence
de notre travail, et jetant çà et là quelques traits
d'inspiration, quelques vives lumières, il réveillerait
l'énergie et le talent d'un profond jurisconsulte,

et donnerait naissance à une belle et savante composition. Si, sans nous accorder un pareil bonheur, la Providence voulait toùtefois couronner notre travail d'un succès auquel il serait permis d'aspirer et sans vanité et sans présomption, si minime que fût ce succès, nous nous estimerions plus que récompensé de nos efforts!

OBLIGATIONS INDIVISIBLES.

DISPOSITIONS PRÉLIMINAIRES.

Des obligations indivisibles en général.

L'obligation indivisible présentant un caractère diamétralement opposé à celui de l'obligation divisible, nous nous trouvons, pour la bien comprendre et en avoir une idée nette dès le principe, obligé de définir cette dernière espèce d'obligation. D'ailleurs, on ne procède jamais en allant du composé au simple, mais bien du simple au composé.

Quand donc une obligation doit-elle être appelée divisible? Telle est la première question que nous avons à résoudre.

L'article 1217 répond à cette question; il est ainsi conçu : « L'obligation est divisible, selon qu'elle a pour objet, ou une chose qui dans sa livraison, ou un fait qui dans son exécution est susceptible de division, soit matérielle, soit intellectuelle. »

Le simple énoncé de cet article suffit pour nous faire comprendre que, pour connaître si une obligation est divisible, c'est uniquement à la nature de son objet qu'il faut s'attacher.

Je vous prête une somme de 1,000 francs. En vertu du principe posé dans l'art. 1220, la dette même divisible ne peut s'acquitter par parties, lorsqu'un seul débiteur figure à côté d'un seul créancier. Par suite de cette règle, je pourrai refuser de vous tout paiement qui ne serait point intégral. Néanmoins, je pourrai aussi, dans la même hypothèse, renoncer à un pareil droit qui est vraiment exorbitant pour le débiteur. Supposons maintenant que le débiteur décède laissant plusieurs héritiers : le créancier qui aurait pu exiger de leur auteur la totalité de la somme de 1,000 francs ne pourra réclamer à chacun qu'une part dans la dette. Dans l'hypothèse actuelle, comme dans la précédente, l'objet est matériellement susceptible de division. Nous en induisons que, quand une obligation a pour objet une chose qui peut recevoir des fractions, cette obligation est essentiellement divisible.

Trois personnes sont copropriétaires d'un cheval : chacune d'elles possède alors et à vrai dire le cheval pour un tiers, laquelle portion elle peut vendre, louer, etc. Faut-il soigner le cheval, elle supportera le tiers de la dépense. Le cheval, d'après cet exemple, est donc susceptible de parties, non pas au point de vue matériel, mais au point de vue intellectuel. S'il est susceptible de parties, n'importe quelles parties, l'obligation le sera aussi. Ce cas se présentera notamment si les trois copropriétaires se sont engagés à vendre le cheval. Chacun pourra alors être actionné pour sa part. Nous pouvons donc poser comme second principe que l'obligation est divisible lorsque son objet l'est intellectuellement comme lorsqu'il ne l'est que matériellement.

Au contraire, l'obligation indivisible est celle dont l'objet n'est susceptible de division, soit matérielle, soit intellectuelle.

Je m'oblige d'aller à Paris. Aller à Paris, voilà l'objet de mon obligation. Or, on va à Paris ou on n'y va pas; cette obligation ne pourra donc être acquittée partiellement. Et non-seulement matériellement parlant elle est indivisible, elle l'est encore si nous nous plaçons au point de vue intellectuel. En effet, concevoir son objet susceptible de parties, ce serait renoncer à toutes les lumières de la raison. Si maintenant nous supposons que le débiteur laisse plusieurs héritiers, ces héritiers étant tous tenus de la dette, et d'une dette qui ne saurait recevoir des fractions, il en résulte que chacun pourra être poursuivi pour la totalité de l'obligation. Et c'est par là que notre obligation se distingue de l'obligation divisible. Dans cette dernière, la dette se fractionne entre les héritiers, par la raison bien simple que la créance est au fond susceptible de parties et que chaque héritier n'est tenu que pour sa part. Au contraire, la créance indivisible ne saurait recevoir des fractions; et partant, chaque débiteur, qu'il soit héritier ou non, est tenu de son montant intégral.

Ce que nous venons de dire de l'indivisibilité absolue, nous le dirons aussi de l'indivisibilité fictive et de celle qui ne porte que sur l'exécution. Il y a sans doute de grandes différences entre ces deux dernières espèces et la première: puisque, comme nous l'avons déjà dit, l'objet de la seconde n'est indivisible que fictivement, tandis que dans la troisième espèce ce n'est pas l'objet, mais le paiement seul qui est insusceptible de division; mais à côté des traits distinctifs se trouvent aussi les traits communs. Or, les caractères que nous avons assignés jusqu'à présent à l'indivisibilité réelle appartiennent aussi aux deux autres.

Nous savons à quels signes il faut s'attacher pour savoir si une obligation est divisible ou non. Appliquons ces notions aux obligations diverses que reconnaît le Code Napoléon et qui d'ailleurs résultent de la nature même des choses, et nous projetterons sur la matière, dès le principe, une lumineuse clarté. Demandons-nous, en un mot, si les obligations de donner, de faire ou de ne pas faire, sont ou non divisibles.

L'obligation de donner étant la plus naturelle et la plus générique, ce sera par elle que nous commencerons. Nous traiterons ensuite l'obligation de faire et de ne pas faire.

Première question. — L'obligation de donner est-elle divisible ou indivisible?

Si l'objet considéré en lui-même est indivisible, la solution ne saurait être douteuse. L'obligation sera, dans ce cas, incontestablement indivisible. Plusieurs hypothèses vont démontrer la vérité de cette proposition.

Et d'abord, notre principe ne saurait souffrir de discussion'lorsqu'il n'y a qu'un créancier, qu'un débiteur. Exemple : Je vous constitue une servitude de vue. Dans le cas même d'obligation divisible, si nous supposons un débiteur unique en face d'un unique créancier, nous savons, d'après ce que nous avons vu plus haut, que l'obligation ne saurait être acquittée partiellement. A plus forte raison, doit-il en être ainsi quand l'objet, de son essence même, est impartageable. Or, une servitude de vue possède évidemment cette qualité. On voit ou on ne voit point. Il y a plus, même intellectuellement parlant, un tel objet ne saurait se concevoir susceptible de fractions.

Si cela est, le débiteur transmettra à ses héritiers la dette telle, si je puis m'exprimer ainsi, qu'elle l'affectait lui-même. Or, en sa personne, elle a toujours été impartageable. Il ne pourra donc la leur transmettre qu'avec le même caractère. Chacun d'eux sera donc comme lui débiteur pour la totalité, et partant, comme lui astreint à acquitter l'intégralité de l'obligation.

Plusieurs hypothèses peuvent se présenter dans le cas où les successeurs du débiteur indivisible se sont mis en son lieu et place. Ou ils sont dans l'indivision, et alors chacun pourra être actionné pour le tout; ou ils se sont partagé l'immeuble sur lequel doit s'exercer la servitude de vue, et alors la dette les affectant tous, nous déciderons de même que dans le cas précédent; ou bien enfin l'immeuble n'est échu par l'effet du partage qu'à un seul, et alors, comme seul il peut acquitter la dette, seul aussi il pourra être poursuivi pour la totalité.

Ce que nous disons de la dette, nous le dirons aussi de la créance, comme elle insusceptible de fractions à raison même de la nature de l'objet. Chaque créancier ne saurait donc être créancier que pour le tout. Il transmettra donc la créance à ses héritiers avec le même caractère. S'ils sont dans l'indivision, ou si la maison à qui est due la servitude a été partagée entre eux, chacun d'eux pourra réclamer la servitude et la servitude entière. Si la maison, par l'effet du partage, tombe dans le lot d'un seul, comme seul il en a la propriété exclusive, seul aussi il pourra exercer le droit de son auteur.

Ce que nous disons de la servitude de vue, nous le dirons aussi de toute servitude dont l'objet est indivisible, la servitude de passage, par exemple.

Donc, quand l'objet est impartageable, l'obligation de donner est essentiellement indivisible.

D'où, et à l'inverse, nous devrions conclure que, toutes les fois que l'objet sera divisible, l'obligation le sera aussi.

Ce principe est vrai en général; toutefois, il doit recevoir quelques modifications.

Ainsi, entre un seul créancier et un seul débiteur, l'obligation en fait sera toujours indivisible, alors même que l'objet serait parfaitement susceptible de division. L'art. 1220 le dit en termes formels dans son premier alinéa : « L'obligation qui est susceptible de division doit être exécutée entre le créancier et le débiteur comme si elle était indivisible. » Et cela se conçoit, un créancier ne pouvant être contraint de recevoir un paiement partiel de celui qui est tenu de la dette entière. La même règle ne saurait s'appliquer aux héritiers, par la raison bien simple que ceux-ci, ne recueillant qu'une portion de patrimoine, ne sauraient être tenus que proportionnellement à cette fraction. Et cela est d'autant plus vrai que la dette que leur a transmise leur auteur était au fond divisible. Mais si nous considérons chacun des héritiers dans ses rapports avec le créancier, notre alinéa recevra, dans ce cas, parfaitement son application. En effet, si chaque héritier ne doit qu'une part, il est tenu d'une manière indivisible relativemert à cette part, et cela pour les motifs exposés ci-dessus.

L'alinéa deuxième de l'art. 1220 établit clairement la différence qui existe entre la première hypothèse et la seconde. Il porte ce qui suit : « La divisibilité n'a d'application qu'à l'égard des héritiers du débiteur, qui ne sont tenus de payer la dette que pour les parts dont ils sont saisis comme représentant le débiteur. »

Si la dette se divise de plein droit entre les héritiers du débiteur, la créance, elle aussi, devra se diviser de plein droit entre les héritiers du créancier. Dès-lors les mêmes principes et les mêmes règles recevront leur application.

Une seconde exception doit être admise dans le cas où l'objet, bien que divisible, a dû être envisagé par les parties comme indivisible. Dans cette hypothèse, la dette ne saurait évidemment être acquittée par parties. Supposons, par exemple, que trois personnes se soient obligées à me livrer un tableau. Physiquement parlant, un tableau est bien divisible; on conçoit même, si on se place au point de vue intellectuel, des parties dans un pareil objet, et toutefois chacune des personnes dont il s'agit ne pourra point se libérer en fournissant une fraction du tableau. L'action pourra être intentée contre chacune pour qu'elle fournisse tout le tableau. S'il en était autrement, l'un des débiteurs pourrait se libérer alors que les autres n'exécuteraient point l'obligation même pour leur part, ce qui évidemment serait contraire à l'intention du créancier. D'ailleurs, ce dernier n'a contracté qu'avec la certitude de pouvoir réclamer à chacun la totalité de la dette.

Il en sera de même si un tiers s'est obligé à me remettre une montre et laisse plusieurs héritiers. Chacun d'entre eux ne pourra point se libérer en délivrant une portion de montre. D'ailleurs, une part de montre ne se concevrait pas, puisqu'il s'agit ici d'un objet qu'on ne saurait fractionner sans détérioration.

La même solution doit être admise pour le cas où l'on s'est engagé à livrer un corps certain, un fonds de terre par exemple. L'objet est ici parfaitement divisible, et toutefois il est considéré comme non susceptible de parties. Si donc un héritier devient seul et par l'effet du partage propriétaire du corps certain, seul aussi il pourra être poursuivi, contrairement au principe qui veut que l'obligation en fait, indivisible dès le principe, se fractionne entre les héritiers. Mais cela tient à sa qualité de possesseur de la totalité du corps certain, qualité qui investit le créancier du droit de réclamer la chose là où elle se trouve. Toutefois, et si sous le point de vue auquel nous nous sommes placé il y a dérogation aux règles précédemment posées, l'harmonie se trouvera complètement rétablie, si nous nous rappelons cet autre principe qui permet au créancier, s'il n'aime mieux réclamer le corps certain, de demander à chaque héritier sa part dans la dette. Or, nous savons que cette part est divisible.

Dans tous les cas où l'obligation de donner ne présente pas les caractères que nous venons d'indiquer, elle est divisible. En conséquence, les créanciers ne peuvent demander qu'une part; les débiteurs ne sont tenus de payer qu'une part.

En résumé, l'obligation de donner est indivisible : 1° quand l'objet n'est pas à raison de sa nature susceptible de division; 2° quand l'objet, bien que partageable, est dû par un seul débiteur à un seul créancier; 3° enfin, quand l'objet, quoique divisible au fond, ne peut pourtant être acquitté partiellement, à cause des qualités qui lui sont inhérentes, ou bien à cause des intentions qu'ont eues les parties lorsqu'elles ont passé le contrat.

Après avoir déterminé les caractères propres à l'obligation de donner, en ce qui concerne la divisibilité ou l'indivisibilité, nous devons nous poser les mêmes questions par rapport aux obligations de faire ou de ne pas faire.

Seconde question. — L'obligation de faire est-elle divisible ou indivisible ?

Elle est, sans aucun doute, indivisible, lorsque le fait dont il s'agit présente lui-même ce caractère. Dans cette hypothèse, les héritiers seront tenus de la même manière que leur auteur, et cela pour les raisons que nous avons indiquées plus haut. Bien plus, l'obligation sera encore indivisible, même par rapport aux héritiers, si le fait, quoique susceptible de division, a été considéré dans le principe comme ne pouvant être exécuté partiellement. Tel est le cas où un individu s'est engagé à construire une maison; s'il laisse plusieurs héritiers, chacun sera tenu de la dette entière, l'obligation ayant été envisagée de prime-abord comme insusceptible de division.

Ainsi, l'obligation de faire est indivisible : 1° quand le fait est indivisible; 2° quand le fait, bien que divisible en soi, ne saurait pourtant l'être au point de vue de l'exécution. Il est superflu d'ajouter le cas où un créancier unique se trouve en présence d'un débiteur unique.

Toutefois, il ne faudrait pas étendre trop loin ce dernier principe. Il est, en effet, des cas où même dans cette hypothèse l'obligation de faire peut être acquittée par parties, et est alors divisible. Exemple : Je m'oblige à faire deux cents tonneaux. Au lieu d'en faire deux cents, je puis n'en faire que cent, et personne ne soutiendra que dans cette hypothèse je n'aie exécuté en partie mon obligation. L'art. 1791 vient parfaitement à l'appui de cette opinion; il est ainsi formulé : « S'il s'agit d'un ouvrage à plusieurs pièces ou à la mesure, la vérification peut s'en faire par parties, et elle est censée faite pour toutes les parties payées, si le maître paie l'ouvrier en proportion de l'ouvrage fait. »

Les partisans de l'opinion contraire objectaient que dans ce cas il n'y avait qu'un ensemble d'obligations indivisibles. D'après eux, l'obligation de faire deux cents tonneaux ne serait autre chose que l'obligation de faire un tonneau répétée deux cents fois. Or, l'obligation de faire un tonneau considérée en soi est indivisible; donc, si multipliée qu'elle soit, elle présentera toujours le même caractère. Mais ce raisonnement péchait par la base, puisqu'on admettait la division de l'obligation de faire. D'ailleurs, le bon sens est là pour protester contre une interprétation si judaïque. Nous comprenons fort bien que l'obligation de faire un tonneau soit indivisible; mais nous comprenons fort bien aussi que l'on exécute partiellement l'obligation de faire deux cents tonneaux en en faisant seulement la moitié.

Troisième question. — *Quid* de l'obligation de ne pas faire ?

L'obligation de ne pas faire est indivisible dans tous les cas où l'on ne saurait contrevenir partiellement à la loi du contrat. Dans l'hypothèse contraire, elle sera toujours divisible. Comme premier exemple, nous citerons le cas où un individu s'est engagé à ne point aller à Paris. Evidemment, l'obligation ne saurait ici être inexécutée en partie. A l'inverse, si vous vous êtes engagé vis-à-vis de moi à ne pas défricher vos cent hectares de bois, afin que je puisse y chasser et que vous en mettiez vingt ou trente en labour, votre obligation est exécutée pour partie et violée pour partie. Dans ce cas, l'obligation de ne pas faire sera divisible.

Nous savons ce qu'on entend par le mot d'obligation indivisible; nous savons aussi quand les diverses espèces d'obligations que reconnaît le Code Napoléon présentent ou non ce caractère; nous devons maintenant entrer dans le fond même de la matière.

Or, les règles qui régissent la matière sont de deux sortes : les unes générales, les autres spéciales. Les premières sont applicables à toutes les obligations indivisibles sans distinction; les secondes ne concernent que chaque obligation indivisible envisagée séparément. Cela posé, et la raison et la méthode s'unissant pour nous tracer la voie que nous avons à suivre, nous diviserons notre sujet en deux parties : la première aura pour objet les règles communes; la seconde les règles particulières.

PREMIÈRE PARTIE.

Règles communes à toutes les obligations indivisibles.

Si les diverses espèces d'obligations indivisibles ont des traits propres à chacune d'elles et des nuances qui les séparent les unes des autres, elles ont aussi, il faut bien l'avouer, des points de contact qui les unissent étroitement. Ces points de contact ou d'affinité, c'est à nous à les rechercher. Lorsque nous les aurons bien saisis et bien gravés dans notre esprit, il sera facile d'établir les différences.

Or, toutes les obligations indivisibles se ressemblent sous les rapports suivants :

1° Elles ont toutes pour objet un chose indivisible à un certain point de vue.

Il semble au premier abord qu'avancer une pareille opinion, c'est émettre une trivialité. Si les obligations indivisibles, pourrait-on objecter, n'avaient pour objet une chose insusceptible de division, par cela même elles ne seraient point ce qu'elles sont en réalité. On aurait raison, si l'objet de l'obligation était toujours et vraiment indivisible; mais il n'en est point ainsi. L'objet n'offre, à proprement parler, ce caractère que dans l'indivisibilité absolue. Dans l'*individuum obligatione*, il n'est indivisible que par la fiction, et pour ce qui touche l'*individuum solutione* rappelons-nous ce que nous avons dit plus haut. Dans cette dernière espèce, l'indivisibilité n'affecte que l'exécution; c'est même l'exécution, et l'exécution toute entière, qui constitue à vrai dire l'objet; de l'obligation. C'est donc avec raison, que nous avons, en dessinant le premier caractère des obligations indivisibles, ajouté ces mots : *à un certain point de vue.* Notre expression a l'avantage de pouvoir répondre à toutes les hypothèses. Et, en effet, dans l'indivisibilité absolue, l'objet est indivisible *naturâ ;* dans l'indivisibilité fictive, c'est pour ainsi dire une convention qui lui imprime le caractère que la loi lui reconnaît ; enfin dans la troisième et dernière hypothèse, c'est l'impossibilité de toute prestation partielle qui lui donne la physionomie toute particulière qu'il porte en lui.

2° Leur objet est dû *in totum et non totaliter,* à la différence de l'obligation solidaire où la maxime *in totum et totaliter debetur* prévaut. Expliquons cette règle qui sépare nettement l'indivisibilité de la solidarité. En posant une espèce, nous rendrons la chose plus saisissable encore.

Trois débiteurs s'obligent solidairement envers un créancier à lui payer la somme de neuf cents francs. Chacun, en vertu de la convention, devra en entier la somme de neuf cents francs, bien que sa part dans la dette ne soit que d'un tiers. Quelle en est la raison ? C'est que chacun a contracté l'engagement de payer un tout, alors qu'il n'était tenu que pour partie. Si donc la position du débiteur a empiré, il ne peut s'en prendre qu'à lui seul ; car c'est lui seul qui a changé sa situation. La convention a tout fait. Il n'en est pas de même dans le cas où l'obligation est indivisible. Ici chacun est tenu au tout, malgré lui et à raison de la qualité de la chose due. La convention ne saurait donc jouer aucun rôle dans le cas qui nous occupe. Et si chacun n'est tenu au tout qu'à raison même de la chose due, on peut dire, en toute vérité, que s'il doit la dette, il ne la doit pourtant pas en entier. Aussi dit-on communément, et après les explications que nous venons de donner on comprendra facilement le sens de cet axiome, que dans l'obligation indivisible chacun est tenu *in totum et non totaliter*, par opposition à l'obligation solidaire qui lie *in totum et totaliter*.

3° Si, par un fait quelconque, elles se transforment en dommages et intérêts, elles font place à une obligation nouvelle et divisible. Ce cas se réalise lorsque l'engagement ne reçoit pas son exécution de la part d'un des codébiteurs. Si chacun était tenu au tout, c'est que la dette était indivisible. Or, du moment que l'objet primitif indivisible fait place à un objet divisible, le droit commun reprend son empire.

Il n'en est pas de même de l'obligation solidaire. Chacun étant tenu *in totum et totaliter* de la dette, sera aussi tenu *in totum et totaliter* des dommages et intérêts.

La maxime : *subrogatum capit naturam subrogati* ne saurait donc recevoir son application dans l'hypothèse qui vient de nous occuper.

4° Nées indivisibles dans la personne du débiteur ,

elles passeront à ses héritiers avec le même caractère. Ceux-ci pourraient-ils être tenus pour parties d'une dette qui n'est pas susceptible de parties ?

Dans l'obligation solidaire, le débiteur n'est tenu à la dette entière qu'en vertu d'une convention, laquelle ne s'nrait atteindre ses héritiers. Ceux-ci dès-lors ne sauraient être tenus que pour sa part.

5° Si la dette est acquittée par un seul débiteur, il aura un recours contre les autres pour ce qui excèderait sa part. Il est bien tenu *in totum*, mais non pas *totaliter*. Or, dans l'obligation solidaire, où la maxime *in totum et totaliter debetur* est fondamentale, le recours serait parfaitement admis dans une pareille hypothèse. A plus forte raison, doit-il en être de même quand la matière est indivisible.

6° enfin. Si chacun doit toute la dette, il ne la doit pourtant qu'une seule fois. Si donc elle est prescrite par un seul débiteur, elle l'est également au profit des autres. Ce que nous disons des débiteurs, nous le dirons aussi, mais en sens inverse, des créanciers.

Toutefois, si l'un des créanciers était mineur, la prescription ne pouvant courir contre lui en vertu de la maxime : *Contra non valentem agere non currit præscriptio*, il conserverait sa créance pour lui et par suite pour les autres créanciers. Et il en sera ainsi nécessairement. Si le mineur pouvait seul réclamer la créance à son profit, il aurait plus que sa part. Pour nous en convaincre, nous n'avons qu'à nous rappeler la maxime *in totum et non totaliter* applicable aussi bien au créancier indivisible qu'au débiteur de la même

espèce. S'il ne conservait qu'une partie de la créance ,
le créance aurait des parties, et dès-lors ne serait plus
indivisible. Donc, il doit conserver la créance en totalité
et tant à son profit qu'au profit de ses cocréanciers.

Sous ce point de vue, l'obligation indivisible se
rapproche de l'obligation solidaire. Dans la solidarité ,
en effet, les créanciers sont les mandataires les uns
des autres à l'effet de conserver la créance commune.
Si donc un seul d'entre eux empêche d'une manière
quelconque cette créance de se perdre , le bénéfice qui
résulte de cette circonstance doit rejaillir sur tous ses
comandants, aussi bien que sur lui-même.

SECONDE PARTIE.

Règles spéciales aux diverses espèces d'obligations indivisibles.

Après avoir parlé des règles communes à toutes les obligations indivisibles , nous devons passer aux règles spéciales qui se réfèrent à chacune d'elles.

Par cela même que nous reconnaissons trois sortes d'obligations indivisibles, ces règles se diviseront nécessairement en trois classes. Les exposer, c'est donc traiter séparément de chaque espèce d'indivisibilité. Or, d'après ce que nous avons vu plus haut, l'indivisibilité réelle étant l'indivisibilité par excellence, ce sera par elle que nous débuterons dans la carrière que nous avons à parcourir. L'indivisibilité fictive, se rapprochant de la première plus que l'indivisibilité *solutione*, fera l'objet d'une seconde section. Enfin, dans une troisième et dernière section, nous traiterons de l'indivisibilité *solutione*, appelée aussi indivisibilité dans le paiement.

SECTION PREMIÈRE.

De l'obligation indivisible naturâ.

C'est l'indivisibilité parfaite , et élevée au plus haut degré d'expression. Les auteurs se sont plu à lui donner une foule de dénominations, qui toutes, malgré leur diversité, n'indiquent au fond qu'une seule et même chose. Les uns l'appellent l'*individuum naturâ*, parce que son objet est essentiellement indivisible. Dumoulin la nomme l'*individuum contractu*, parce qu'on ne saurait faire une stipulation partielle relativement à une chose non susceptible de parties. D'autres enfin, et parmi eux nous devons ranger Pothier, l'appellent indivisibilité réelle, *realem individuitatem*, par opposition aux deux dernières espèces d'indivisibilités, improprement ainsi dénommées, puisque leur objet est parfaitement divisible.

L'indivisibilité dont nous allons parler est donc la seule vraie, la seule fondée en droit. Dès-lors on aurait tort de s'étonner que les règles qui la régissent soient plus nombreuses que celles qui concernent les deux autres.

Un objet, mais un objet indivisible dans le vrai sens du terme, voilà, avons-nous dit, ce qui constitue le caractère essentiel et fondamental de cette obligation. Mais qu'entend-on par objet indivisible ? Nous avons déjà répondu plus haut, bien que succinctement, à cette question. Il convient de l'examiner ici avec plus de détails.

Un objet, ou, pour employer un terme meilleur, une chose est indivisible, quand elle n'est pas susceptible de parties. Or, les choses matérielles sont susceptibles de parties. L'indivisibilité ne saurait donc être leur attribut. Par suite, elle ne pourra s'appliquer qu'aux objets immatériels ; ou bien, elle ne s'appliquerait nulle part.

Ce que nous venons de dire suffit pour nous faire comprendre que les droits incorporels sont nécessairement indivisibles, puisqu'ils trouvent leur place dans la catégorie des choses non-susceptibles de division. La pratique concorde ici parfaitement avec la théorie. Pour le prouver, il nous suffira de citer un exemple. Un tiers constitue à mon profit une servitude de passage ou de vue. A dater même de la convention, j'aurai la propriété pleine et entière de la servitude ; et cette propriété sera indivisible, par la raison bien simple qu'on ne peut voir en partie, ni passer pour partie.

Toutefois, il ne faudrait point pousser trop loin le principe que nous venons d'énoncer. Ainsi les créances sont des choses incorporelles, et pourtant elles ne sont pas indivisibles. Il suit de là, qu'on peut les céder pour partie, et conserver le reste. Le Code Napoléon n'établit-il point comme une vérité fondamentale le principe de la division des dettes entre les héritiers du débiteur? Et si cela est, les créances ne devront-elles pas elles aussi se diviser entre les héritiers du créancier? Ce que nous venons de dire suffit pour faire comprendre que les créances ne constituent point des choses indivisibles, bien que de leur nature elles soient immatérielles.

L'usufruit est-il divisible ou indivisible? Il peut être cédé à titre gratuit comme à titre onéreux ; cela est incontestable, le Code Napoléon étant formel à cet égard. S'il peut être cédé, il peut l'être en partie comme en totalité. L'usufruit est donc susceptible de recevoir des parties. Donc, quoique droit incorporel, il n'est pourtant pas indivisible.

Les servitudes constituant, à vrai dire, les droits éminemment incorporels, on serait tenté de conclure que, dans tous les cas, elles sont indivisibles. Toutefois, il existe des servitudes sur lesquelles la question de savoir si elles sont, ou non, divisibles a été vivement agitée. Telles sont, par exemple, les prises d'eau, lesquelles sont susceptibles de la division *per tempus aut mensurâ*. Le droit romain admettait ce principe. Transportons-nous, en effet, à la loi 19, § 4, ff. *de communi dividundo*, et nous y lirons ce qui suit : *Aut aquarum iter separatum à fundo, divisum tamen aut mensurâ aut temporibus. Et igitur in ejus modi speciebus, in communi dividundo judicio venit ut præfata jura, aquarum iter, aut mensurâ, aut temporibus dividuntur.* Cette opinion est vraie sous un rapport et fausse sous une autre. Pour être vrai, il faut distinguer le cas où l'héritage appartient à plusieurs en commun, de celui où il appartient à tous, mais *pro diviso*. Dans le premier cas, la servitude ne saurait être divisée ; elle est due à un seul fonds, et partant à tous les copropriétaires de ce fonds qui peuvent en user comme leur auteur. Mais lorsque l'héritage se divise, on ne peut plus dire que la servitude n'est due qu'à un seul fonds. Il y a autant de propriétaires qu'il y a de fonds distincts et séparés. D'où il suit que le mode d'exercice de la servitude se divisera nécessairement. Si, par exemple, l'un des héritiers a le droit de prendre l'eau tel jour de la semaine, l'autre la prendra tel autre jour, et conjointement avec un autre héritier. Chaque propriétaire est ainsi sensé avoir un droit particulier de servitude. Toutefois, tout doit être ici combiné de telle sorte que la servitude ne devienne pas plus onéreuse vis-à-vis des héritiers, qu'elle ne l'était sous leur auteur.

Cette exception a, comme on le voit, sa cause dans le défaut d'unité qui existe entre les héritiers, après la division du fonds dominant.

Jusqu'à présent nous nous sommes attaché à connaître les caractères de la chose indivisible, et par là même nous nous sommes fait une idée plus exacte de l'indivisibilité proprement dite. Il convient maintenant d'entrer dans ce qui constitue le fond même de la question.

L'indivisibilité peut être envisagée sous deux points de vue différents ; d'abord par rapport aux débiteurs, ensuite par rapport aux créanciers. Dans le premier cas il s'agit de l'indivisibilité passive ; le second se réfère à l'indivisibilité active. Or, comme dans toute obligation, il faut principalement considérer la position du débiteur, ce sera par la première de ces deux espèces d'indivisibilités que nous commencerons. Nous traiterons donc et successivement : 1° de l'indivisibilité passive ; 2° de l'indivisibilité active.

De l'indivisibilité passive. — Chaque débiteur indivisible doit toute la dette. Toutefois, s'il est obligé *in totum*, il ne l'est pas *totaliter*, à la différence de l'obligé solidaire qui est tenu à la fois *in totum et totaliter*. Mais, si chaque débiteur doit toute la dette, il ne la doit pourtant qu'une seule fois. De là, nous tirerons plusieurs conséquences :

1° Le paiement fait par l'un des codébiteurs libère les autres ;

2° Si un seul débiteur prescrit la dette, il la prescrit tant à son profit qu'au profit des autres codébiteurs. Concevrait-on que la créance s'éteignît vis-à-vis de l'un et subsistât vis-à-vis des autres ?

3° Si la prescription est interrompue vis-à-vis d'un seul , elle l'est également à l'égard de tous. S'il avait prescrit , tous ses codébiteurs auraient profité de cet avantage. S'il n'a pu prescrire , tous devront par la même raison , éprouver un préjudice ; *detrimentum capere ,* comme le dit si bien l'adage romain. Rappelons-nous cette autre maxime si conforme à l'équité et à la raison : *Quem sequuntur commoda , eumdem insequuntur incommoda ,* et de plus fort nous demeurerons convaincu de la vérité de notre argument.

D'ailleurs la dette qui affecte l'un affecte aussi les autres. Interrompue dans la prescription vis-à-vis de l'un , c'est l'interrompre également vis-à-vis des autres.

Tels sont les effets principaux de l'indivisibilité passive si nous l'envisageons dans les rapports de débiteurs à créanciers. Nous allons maintenant l'étudier sous une autre face, c'est-à-dire considérer les rapports des codébiteurs entre eux.

Nous commencerons par citer un exemple, rien ne rendant la pensée juridique plus lumineuse. Le fait nous aidera puissamment à formuler les principes.

Un individu s'est obligé à aller à Paris, il meurt avant d'avoir accompli son obligation et à la survivance de trois héritiers. Ceux-ci succèderont à l'obligation et à l'entière obligation, à raison même de la qualité de la chose due. En effet, on ne peut se rendre à Paris en partie, il faut y aller ou ne pas y aller. Mais si chacun est tenu *in totum*, il ne saurait l'être *totaliter*, ce qui revient à dire que chacun n'est pas tenu en réalité de l'intégralité de la dette, bien qu'indivisible. Si donc un seul des héritiers fait le voyage de Paris, il pourra répéter contre les autres les deux tiers des dépenses qu'il aura faites. S'il en était autrement, une charge trop lourde aurait pesé sur lui seul, et ainsi toutes les règles de l'équité et de la bonne foi auraient été violées. Plaçons-nous encore dans la même hypothèse, et prenons le cas où l'auteur s'est engagé à aller à Paris pour y acheter cent mille francs de marchandises. Ici, il y a à faire deux espèces de frais : les frais de voyage et les frais d'achat. Le débiteur qui aura acquitté l'intégralité de la dette pourra recourir contre ses cohéritiers pour les deux tiers de l'une et de l'autre dépense. La raison de décider est ici absolument la même que celle que nous avons donnée dans le cas précédent.

Il est d'autant plus juste que le débiteur indivisible qui a acquitté toute la dette ait son recours contre les autres codébiteurs pour tout ce qui excèderait sa part, que le débiteur solidaire est lui précisément investi du même privilège. Mais nous savons que le lien qui dérive de l'indivisibilité est bien moins étroit que celui qui résulte de la solidarité. Dès-lors, pourquoi se montrer plus rigoureux vis-à-vis du débiteur indivisible que du débiteur solidaire?

De l'indivisibilité active. — Après nous être occupé de l'indivisibilité au point de vue passif, nous devons l'étudier sous l'autre face qu'elle nous présente; nous devons, en un mot, l'envisager activement. Or, l'indivisibilité active peut, comme celle dont nous venons de parler, être considérée sous un double point de vue : 1° dans les rapports de créanciers à débiteurs; 2° dans les rapports des créanciers entre eux. Nous porterons successivement notre attention sur l'un et l'autre article.

PREMIER POINT. — *Rapports de créanciers à débiteurs.* — La créance, avons-nous dit plus haut, est indivisible à raison même de la qualité de l'objet. Ce principe admis, il en résulte que chacun des créanciers est créancier pour le tout et ne peut l'être que pour le tout. De là plusieurs conséquences.

1° Bien que seul, il peut réclamer le montant de l'intégralité de la dette. Il est, si je puis parler de la sorte, propriétaire de la créance, et partant de la créance entière.

2° Si un seul des créanciers interrompt la prescription à son profit, il l'interrompt également au profit de tous les autres créanciers. La créance ne pouvant, à raison de sa nature, exister à son profit sans appartenir en même temps à ses cocréanciers, nous en conclurons que, s'il la conserve pour lui, il la conservera également pour tous ses coassociés.

Ce cas se réalise notamment dans l'hypothèse où l'un des créanciers est mineur. L'exception de minorité que pourra invoquer l'incapable profitera aux autres créanciers. S'il n'avait pas été mineur, la prescription aurait couru, et contre lui, et contre les autres. Or, si les créanciers participent des fautes du débiteur, n'est-il pas juste qu'ils profitent des avantages que, par sa position, il procure à la masse?

La règle est absolument la même en matière d'obligations solidaires, puisqu'ici encore la maxime : *Contra non valentem agere non currit præscriptio*, a force de loi.

3° Si un seul des créanciers remet sa part dans la créance, les autres n'en conserveront pas moins la créance entière et indivisible. S'il en était autrement, ils ne conserveraient plus qu'une fraction de créance, ce qui est impossible, puisque nous avons supposé la créance indivisible. Peut-on d'ailleurs concevoir des fractions dans une chose qui n'est pas susceptible de parties? D'où il suit que les autres créanciers conserveront toute la créance; mais, comme les règles de l'équité doivent dominer avant tout, et comme il es: certain que le créancier qui a fait la remise a entendu décharger le débiteur d'une partie de son obligation, ils seront obligés de restituer à ce dernier une valeur égale à l'intérêt qu'aurait eu le créancier du chef duquel la remise émane à ce que l'obligation fût acquittée. N'est-il pas conforme au droit que, quand la dette vient à être diminuée par le fait de l'un des créanciers, les débiteurs ne soient tenus qu'à moins?

Il ne saurait en être de même en matière d'obligations solidaires. Chacun des créanciers a bien ici droit au tout, mais ce tout est divisible. D'où il suit que si, sur quatre créanciers, un seul a remis sa part dans la créance, les autres ne pourront poursuivre le débiteur que pour les trois quarts de la somme due primitivement.

Dans l'obligation indivisible, chaque débiteur étant tenu pour le tout et chaque créancier ayant droit au tout, il en résulte, comme nous l'avons déjà dit, que tous les débiteurs peuvent être actionnés à l'effet d'exécuter leur engagement. Toutefois, ce principe n'est point absolu, il reçoit quelques tempéraments.

Nous devons distinguer soigneusement trois hypothèses qui embrassent tous les cas possibles. L'obligation peut être exécutée conjointement par tous les débiteurs; l'obligation peut être exécutée par tous, mais séparément; enfin, il peut se faire que l'obligation ne puisse être exécutée que par un seul. Cette division une fois opérée, la solution ne présentera point de grandes difficultés.

Premier cas. — L'obligation peut être exécutée conjointement par tous les débiteurs. — Tous les débiteurs pourront être poursuivis à l'effet de remplir leur engagement, car tous ils sont liés, tous ils peuvent accomplir. Si donc un tiers a constitué une servitude de passage ou de vue et meurt ensuite laissant deux héritiers, le créancier, dans le cas où l'engagement n'aurait point été rempli par leur auteur et où l'indivision n'aurait pas cessé entre eux, le créancier, dis-je, aura le droit de les poursuivre chacun pour le tout. Il y a plus. Comme l'obligation dans le cas qui nous occupe ne peut être exécutée que d'un commun accord, il pourra les poursuivre tous à la fois, afin de les faire condamner à l'acquittement de la dette ou à des dommages et intérêts. Ce qu'il pourra faire lui même, le débiteur le pourra faire aussi, dans le cas où son codébiteur se refuserait à exécuter l'engagement, alors que lui, au contraire, serait parfaitement disposé à cet acte.

Second cas. — L'obligation peut être exécutée par chacun, mais seulement d'une manière séparée. — Dans ce cas, le créancier peut actionner à la fois tous les débiteurs, par la raison bien simple que l'un n'aura réellement exécuté son obligation que si les autres l'accomplissent à leur tour. Prenons pour exemple le cas d'une servitude de passage et supposons que trois héritiers s'étant partagé le fonds assujetti, un seul d'entre eux se prête à exécuter l'obligation. Le créancier n'aura rien gagné, malgré la bonne volonté de ce débiteur. En effet, il ne lui suffit point de passer en partie, il faut qu'il passe ou ne passe point. Il pourra donc actionner les autres codébiteurs à l'effet de se voir condamner, soit à exécuter leur engagement, soit à des dommages et intérêts. Dans cette dernière hypothèse, le débiteur qui a consenti à accomplir l'obligation sera tenu comme les autres, parce qu'une dette divisible a été substituée à une dette qui ne présentait point ce caractère primitivement.

Troisième cas. — L'obligation enfin ne peut être

exécutée que par un seul des débiteurs. — Dans cette
dernière hypothèse, ce débiteur seul pourra être poursuivi. Cela est d'autant plus rationnel qu'il est le seul
qui puisse exécuter l'engagement. Prenons toujours le
même exemple, et supposons que, par l'effet du partage, le fonds servant soit tombé dans le lot d'un seul
des héritiers. Cet héritier étant seul possesseur et par
suite pouvant seul accomplir l'obligation, il en résulte
que seul aussi il pourra être actionné. Toutefois, en
vertu du principe qui veut qu'il y ait égalité parfaite
entre les lots, il pourra intenter une action en garantie contre ses cohéritiers, à moins qu'il n'y ait eu
clause ou stipulation contraire résultant de l'acte même
de partage.

Second point. — Jusqu'ici, nous ne nous sommes
occupé que des rapports de créanciers à débiteurs.
Pour compléter notre tâche, nous devons étudier l'indivisibilité active sous le point de vue des rapports de
créanciers à créanciers.

Chaque créancier est bien créancier *in totum*, mais
il ne l'est point *totaliter*. Il suit de là que l'avantage
ou l'émolument qu'il retire de l'accomplissement de
l'obligation, il devra le partager avec les autres créanciers.

Toutefois, il est des cas où celui-là même qui a profité de l'exécution n'est tenu à rien vis-à-vis des autres créanciers. L'exemple suivant va nous en convaincre.

Un créancier avait le droit de passer sur mon terrain; ses héritiers auront incontestablement le même

droit. Mais si l'un d'eux l'exerce exclusivement, lorsque les autres, par leur négligence, le laissent, pour ainsi dire, sommeiller entre leurs mains, il ne saurait être tenu de leur rendre compte de l'avantage qu'il a retiré. Ici, le mode d'exercice de la servitude s'est divisé, et par suite chacun des créanciers est censé posséder pour lui-même un droit particulier de servitude. Ce droit, s'il ne l'exerce pas, c'est sa faute, laquelle ne doit pas retomber sur ceux qui n'ont montré que de la diligence. D'ailleurs, on ne concevrait point comment, dans une pareille hypothèse, il pourrait s'élever quelque difficulté entre les créanciers. Il est évident que nous supposons les héritiers dans le cas d'indivision; autrement, la question ne saurait être posée.

La solidarité diffère de l'indivisibilité par la nature même des choses. Nous avons déjà eu plusieurs fois l'occasion de signaler leurs différences. Et toutefois dans le cas qui nous occupe, on les voit concorder parfaitement l'une avec l'autre. C'est qu'il n'en saurait être autrement, c'est qu'on ne saurait concevoir que celui qui n'est créancier que pour partie soit réputé l'être pour le tout.

Ici se terminerait, à proprement parler, la matière dont nous avons exposé les principales règles. Toutefois, nous ne voulons point quitter l'étude aride des théories, sans les avoir quelque peu vivifiées par la pratique. Ceci nous amène, avant de finir notre sujet, à traiter plusieurs questions importantes et vivement controversées. Comme elles se rattachent intimement à la matière qui nous occupe, on ne saurait nous reprocher un hors-d'œuvre.

Première question. — L'obligation de garantie est-elle divisible ou indivisible ? Il est incontestable que l'obligation de garantie est indivisible quant aux poursuites ; il s'agit seulement de savoir si elle l'est quant à la condamnation. Là-dessus de vives controverses se sont élevées parmi les auteurs, et, il faut bien le dire, la jurisprudence n'est pas encore parfaitement fixée dans un sens ou dans un autre.

Un exemple fera mieux comprendre notre pensée que la froide démonstration du raisonnement. Le cas suivant se prête parfaitement au but que nous voulons atteindre.

Pierre vend à Jacques le domaine de Paul, plus tard Paul devient héritier pour un quart de Pierre : on demande si, en sa qualité d'héritier pour un quart, il sera soumis aux dommages et intérêts pour ce quart seulement, ou bien s'il y sera soumis pour la totalité.

S'il était héritier pour le tout, incontestablement il ne pourrait point réclamer la chose. En effet, il prendrait, dans ce cas, la place du défunt, et dès-lors la maxime : *Quem de evictione tenet actio, eumdem agentem repellit exceptio* lui serait parfaitement applicable. Donc, à vrai dire, il lui serait impossible d'intenter l'action en revendication, ou, s'il le faisait, ce ne serait qu'en supportant la totalité des dommages et intérêts.

Mais s'il n'est héritier que pour partie, il ne représente le défunt que pour partie. Il ne pourra dès-lors être tenu à la garantie que pour partie. Or, dans l'hypothèse actuelle, Paul n'a hérité de Pierre que pour un quart ; il ne sera donc passible des dommages et intérêts que pour un quart.

Pothier et Dumoulin avaient ainsi résolu la question ; nous pensons qu'il faut se ranger de leur avis. La vérité ne se trouve pas toujours dans les systèmes absolus ; souvent on la rencontre dans les opinions moyennes. Le droit d'ailleurs ne varie-t-il pas avec les circonstances, et est-il une science où les distinctions soient aussi fréquentes que dans la nôtre ?

Seconde question. — L'art. 2249, dans son alinéa 2°, est ainsi conçu : « L'interpellation faite à l'un des héritiers d'un débiteur solidaire n'interrompt pas la prescription à l'égard des autres, à moins que l'obligation ne soit indivisible. » On demande si cette disposition s'applique indistinctement aux obligations indivisibles dont parlent les articles 1218 et 1221 comme à celles dont traite l'art. 1217, et qui seules, à vrai dire, méritent d'être appelées indivisibles.

Et d'abord, il est évident qu'elle ne s'applique point à l'obligation indivisible *solutione.* Ici la dette se fractionne de plein droit entre les héritiers. Le résultat se réduit à ce que chacun d'eux ne peut pas acquitter individuellement sa part malgré le créancier. Il suit de là que chaque héritier peut prescrire et que l'interruption qui frappe l'un ne saurait rejaillir sur l'autre. Ici, l'héritier ne doit pas le tout, comme il le devrait si l'obligation était absolument indivisible.

La question ne saurait donc être posée que relativement à la seconde espèce d'indivisibilité, celle dont traite l'art. 1218.

M. Toullier dit que l'exception de l'art. 2249 s'applique à la seconde espèce d'indivisibilité comme à la première. Nous sommes loin de partager sa manière de voir.

Il est certain que les héritiers d'un dépositaire, d'un commodataire ou d'un locataire d'un corps certain, ne doivent être tenus que pour leur part et portion dans l'obligation du défunt de restituer la chose. Et toutefois leur obligation est indivisible en ce qui concerne cette même restitution. Elle est indivisible *obligatione;* mais on aurait tort pour cela de vouloir lui appliquer les principes qui régissent la matière de l'indivisibilité absolue et surtout en ce qui se rattache à la prescription. Selon Pothier, la conservation du droit de l'un des créanciers ne profitera aux autres que dans l'obligation indivisible *naturâ.* Il en conclut par analogie que, si la prescription est interrompue vis-à-vis de l'un des débiteurs, ce fait ne saurait causer aux autres aucun préjudice. Et à l'appui de son opinion, il cite le cas où le créancier d'un certain héritage meurt laissant plusieurs héritiers, dont les uns sont majeurs et les autres mineurs. L'état d'incapacité de ces derniers n'empêche pas la prescription de courir contre les autres. Il n'en serait pas de même s'il était question d'un droit de servitude.

Si d'ailleurs l'obligation se fractionne entre les héritiers de telle sorte que chacun, excepté l'héritier détenteur, ne puisse être poursuivi au-delà de sa part, ceux à l'égard desquels la prescription n'aura point été interrompue, seront à l'abri de toute action de la part du créancier.

Si on admettait le système opposé, il faudrait, pour être conséquent, décider que l'exception de l'art. 2249 doit régir les cas prévus par les art. 1221 et 1228 où l'obligation n'est considérée comme indivisible que parce qu'on l'a envisagée comme n'étant point susceptible d'exécution partielle. Dans ce système, la prescription ne serait possible que dans bien peu de cas.

Si la prescription interrompue à l'égard d'un des débiteurs solidaires est censée l'être à l'égard de tous, la raison en est que chacun d'eux est tenu *in totum et totaliter*. Nous donnerions la même solution s'il s'agissait de l'indivisibilité absolue où la dette n'est pas susceptible de parties ; mais il ne saurait en être de même dans les deux autres espèces d'indivisibilités où elle se présente au fond avec le caractère de divisibilité.

L'art. 709 vient donner une nouvelle force à notre opinion ; il ne s'applique qu'au cas de l'indivisibilité réelle et est ainsi conçu : « Si un héritage appartient à plusieurs par indivis, et si un seul des héritiers exerce la servitude, la prescription est interrompue à l'égard de tous et pour le tout. »

Pour toutes ces raisons, nous pensons que l'article 2249 du Code Napoléon n'a trait qu'aux obligations indivisibles proprement dites.

Troisième question. — Un héritage servant a été divisé entre les héritiers du débiteur ; on demande si la prescription interrompue à l'égard de l'un sera censée l'être à l'égard de tous.

Dans l'ancien droit, on aurait distingué le cas où la servitude aurait été constituée par tradition de celui où elle n'aurait été constituée que par obligation. Dans le premier, le droit réel aurait été transmis et la prescription aurait pu courir en faveur de ceux qui l'auraient faite.

Dans le cas, au contraire, où le débiteur se serait engagé par obligation, comme le droit réel n'aurait point été transmis, l'obligation aurait passé aux héritiers revêtue du caractère d'indivisibilité qu'elle portait déjà dans la personne de leur auteur, et ils n'auraient pu prescrire que dans le cas où ils auraient exécuté leur engagement. On considérait la servitude constituée par testament, comme établie en vertu d'une obligation, et c'était avec raison, puisque les principes posés ne pouvaient amener qu'à ce résultat.

Aujourd'hui, il ne saurait plus en être de même, parce qu'aujourd'hui on ne reconnaît plus ce qu'autrefois on appelait la livraison d'une servitude. Du moment même où la servitude est constituée, le droit réel est transmis. L'art. 711 du Code Napoléon ne dit-il point en termes formels que la propriété se transfère par le seul effet des obligations. Donc aussi, à dater de ce moment, le débiteur doit pouvoir prescrire.

Si cela est, on ne saurait dire qu'il existe une obligation et une obligation indivisible pour ses héritiers, puisque cette obligation s'est éteinte au moment même qu'elle a été formée. A vrai dire, c'est le propriétaire du fonds dominant qui seul possède un droit indivisible et réel. Or, tant que les héritiers posséderont d'une manière indivise l'immeuble grevé du droit de servitude, on pourra dire avec raison que l'interruption de la prescription à l'égard de l'un aura son effet à l'égard de tous. Mais si cet héritage vient à être partagé, le créancier ne conservera pas son droit contre tous en empêchant la prescription à l'égard de l'un d'eux; pour arriver à ce résultat, il devra l'interrompre également à l'égard des autres. Et si quelques-uns d'entre les héritiers ne recueillent aucune portion de cet immeuble, ils ne pourront être actionnés même pour leur part dans l'obligation personnelle (le droit actuel diffère sur ce point avec le droit ancien), parce que l'établissement de plein droit de la servitude sur l'héritage échu à un seul des cohéritiers a eu pour conséquence nécessaire l'extinction de cette même obligation. Dès-lors, ils ne sauraient plus être tenus à aucune prestation.

Mais si je m'étais simplement porté fort que Primus vous constituerait une servitude, le droit réel n'aurait point été transmis, il n'y aurait eu qu'une promesse. Mais le droit créé au profit du créancier serait indivisible, par cela même que l'objet de ce droit ne serait point susceptible de division. D'où il suit que, si je mourais avant d'avoir accompli mon obligation, chacun de mes héritiers pourrait être poursuivi pour le tout et même condamné pour le tout.

Si maintenant nous supposons le cas où l'un de

mes héritiers serait devenu propriétaire de l'héritage
de Primus, il est incontestable qu'il pourrait être condamné à supporter l'exercice de la servitude. La raison
nous dit assez pourquoi, et cela dispense de tout
détail sur cette question,

Jusqu'ici nous ne nous sommes occupé que de
l'obligation essentiellement indivisible. L'indivisibilité
fictive présentant avec elle plus d'analogie que la dernière va faire l'objet d'une deuxième section. La matière
de cette obligation étant considérée comme vraiment
indivisible, on comprend que nous n'aurons à donner
que peu de détails. Agir autrement, ce serait tomber
dans des redites et par suite dans la monotonie. Nous
serons plus long dans la troisième section où nous
traiterons de celle des obligations indivisibles qui se
distingue des autres par des nuances toutes spéciales.

SECTION DEUXIÈME.

De l'indivisibilité obligatione.

L'art. 1218, le seul qui soit relatif à cette deuxième
espèce, trace nettement ses caractères et par là même
en donne une idée claire et précise. Il est ainsi conçu :
« L'obligation est indivisible, quoique la chose ou le
fait qui en est l'objet soit divisible par nature, si le
rapport sous lequel elle est considérée dans l'obligation
ne la rend point susceptible d'exécution partielle. »

Cette indivisibilité, comme on le voit d'après les
termes même du Code, a donc sa base dans une fic-

tion ou dans une quasi-convention ; une stipulation formelle peut aussi imprimer à l'objet, bien que divisible au fond, le caractère d'indivisibilité. C'est avec cet esprit que Dumoulin et Pothier l'ont envisagée ; aussi leur droite raison les a-t-elle préservés des écueils dans lesquels sont tombés de nombreux et savants auteurs pour n'avoir pas apprécié suffisamment ce qui constitue le caractère et l'essence même de cette obligation.

Toutefois, si le Code en dit assez pour nous faire comprendre sa nature, il faut bien aussi convenir que la définition qu'il donne ne saurait être à l'abri de toute critique. On peut lui reprocher et avec fondement de la caractériser par cette circonstance, que le rapport sous lequel l'objet est considéré, la rend tout-à-fait insusceptible d'exécution partielle. C'est confondre l'indivisibilité *obligatione* avec la simple indivisibilité *solutione tantum*; l'obligation indivisible de la seconde classe avec celle dont l'exécution seulement ne peut avoir lieu partiellement. Chaque débiteur et chaque héritier pourra, s'il s'agit de l'indivisibilité *obligatione*, être poursuivi ou poursuivre pour le tout, contrairement aux principes qui dominent la matière de l'obligation divisible.

Au contraire, l'article 1218 eût été sans reproche, s'il avait défini la deuxième espèce d'indivisibilité, celle dans laquelle l'objet, non-seulement ne peut-être acquitté par parties, mais est encore insusceptible de division. L'obligation à laquelle il communique sa nature aurait alors apparu sous sa véritable face, et par là, on eût empêché bien des erreurs de se produire plus tard. C'est précisément pour n'avoir pas aperçu ce défaut de rédaction, et s'en être tenus au sens rigoureux des termes que M. Toullier et autres auteurs fort recommandables sont tombés dans la confusion énoncée ci-dessus.

Plusieurs exemples nous suffiront pour établir une distinction et une nuance raisonnables, et par là même échapper à des difficultés inextricables.

Vous m'avez promis un cheval de poste. Ici l'objet est parfaitement divisible; car, on conçoit au point de vue intellectuel des parties dans un cheval, et rien n'autorise à dire que dans le contrat nous l'ayons considéré comme non susceptible de cette division qu'il comporte. Mais il résulte de l'intention que j'ai eue en contractant, et du but que je me suis proposé d'atteindre, que l'obligation ne pouvait être exécutée d'une manière partielle. Nous ne sommes plus, dès-lors, dans le cas de l'indivisibilité absolue ou de l'indivisibilité fictive, mais bien dans celui de l'indivisibilité *solutione*. La dette est donc au fond parfaitement divisible ; son exécution seule ne l'est point. D'où il suit que si le débiteur laisse par exemple quatre héritiers, l'un ne pourra pas se libérer à mon égard en me donnant le quart de la propriété d'un cheval, pour que les trois autres viennent ensuite chacun me donner un autre quart de propriété d'un cheval. Celui d'entre eux auquel je réclamerai l'exécution de l'obligation, sera obligé de me livrer un cheval en entier. Cette obligation est bien loin, comme on le voit, de présenter le caractère d'indivisibilité. Et la preuve, c'est que si le créancier vient à décéder , elle se fractionnera de plein droit par rapport à ses héritiers. S'il en laisse quatre, chacun ne pourra réclamer , soit au débiteur principal s'il vit encore , soit à chacun de ses héritiers , que le quart d'un cheval , puisqu'il n'est créancier que pour ce quart. Ainsi la dette, quoique susceptible de division, ne peut être éteinte partiellement , et l'un des débiteurs n'en peut payer sa part; mais, par cela même que toujours elle est divisible, chacun des héritiers du créancier ne peut réclamer que sa part. C'est ce qu'explique clairement Pothier , ce que consacre aussi le Code ; puisque après avoir dit dans l'art. 1120 que les successeurs du créancier ne peuvent réclamer le paiement de la dette divisible, et que les héritiers du débiteur ne sont tenus de la payer que pour les parts dont ils sont saisis comme représentant le créancier ou le débiteur , il ajoute dans l'art. 1121 que ce principe reçoit exception dans le cas qui nous occupe et dans quelques autres hypothèses ; mais seulement à l'égard des successeurs du débiteur....

Nous déciderions autrement, si l'objet de l'obligation, au lieu de ne pouvoir être acquitté par parties tout en étant divisible, présentait véritablement le caractère de l'indivisibilité, sinon par lui-même , du moins d'après l'intention des parties. Je veux construire une maison , et pour cela j'ai besoin de l'arpent de terrain dont vous jouissez à côté de mes biens. Vous vous obligez à me livrer cet arpent dont la contenance entière m'est nécessaire pour atteindre mon but. L'obligation est alors indivisible , parce que, dans notre pensée commune, il faut un arpent et un arpent tout entier pour mener l'entreprise à bonne fin. Il suit de là que, si vous décédez à la survivance de plusieurs héritiers, je pourrai poursuivre chacun d'entre eux et pour le tout. Chacun ne pourra donc point se libérer en m'offrant sa part dans la pièce de terre. Ce que je pourrai faire moi-même, chacun de mes héritiers pourra le faire aussi, soit vis-à-vis de vous-même, soit vis-à-vis de vos successeurs. En un mot, chacun des débiteurs pourra être poursuivi pour le tout; chacun des créanciers pourra réclamer le tout.

Les détails que nous venons de donner, si brefs qu'ils soient, répondent cependant à nos intentions. Nous croyons avoir suffisamment montré la différence qui sépare l'obligation indivisible par la qualité et la nature que les parties ont communiquée à son objet quand elles ont passé le contrat, d'avec celle dont l'objet n'est indivisible qu'au point de vue de l'exécution.

Pour terminer notre tâche, il ne nous reste plus qu'à parler de cette dernière. Nous le ferons dans une troisième et dernière section.

TROISIÈME SECTION.

De l'obligation indivisible solutione.

Cette obligation, comme nous avons déjà eu occasion de le remarquer plusieurs fois, n'est pas, à vrai dire, une obligation indivisible. Ce n'est pas elle, en effet, que l'indivisibilité affecte; c'est uniquement son exé-

4

cution. Un seul article du Code Napoléon , mais un long article, puisqu'il comprend cinq paragraphes, se réfère à cette troisième espèce. Nous voulons parler de l'art. 1221. Il a eu le mérite de déterminer les cas dans lesquels l'obligation est indivisible *solutione* ; mais, il faut le dire à regret , il en énumère plusieurs qui sont tout-à-fait étrangers à l'espèce dont il s'agit. Nous chercherons d'abord à dégager la matière de ce qui sort de son cadre ; cela fait, il nous sera facile d'étudier notre sujet sous sa véritable face.

Et d'abord, il est bon de mettre sous nos yeux l'art. 1221 , sur lequel doit porter toute la discussion. Il est ainsi conçu :

« Le principe de la division des dettes établi dans l'art. 1220 , reçoit exception à l'égard des héritiers du débiteur :

» 1º Dans le cas où la dette est hypothécaire ;

» 2º Lorsqu'elle est d'un corps certain ;

» 3º Lorsqu'il s'agit de la dette alternative de choses au choix du créancier dont l'une est indivisible ;

» 4º Lorsque l'un des héritiers est chargé seul par le titre de l'exécution de l'obligation ;

» 5º Lorsqu'il résulte, soit de la nature de l'engagement , soit de la chose qui en fait l'objet , soit de la fin qu'on s'est proposée dans le contrat, que l'intention des contractants a été que la dette ne pût s'acquitter partiellement.

» Dans les trois premiers cas, l'héritier qui possède la chose due ou le fonds hypothéqué à la dette peut être poursuivi pour le tout sur la chose due ou sur le fonds hypothéqué , sauf le recours contre ses cohéritiers. Dans le quatrième cas, l'héritier seul chargé de la dette, et dans le cinquième chaque héritier peut aussi être poursuivi pour le tout, sauf son recours contre ses cohéritiers. »

Nous allons analyser une à une et successivement les dispositions du long article que nous venons de dérouler sous les yeux. Nous espérons qu'un mûr examen amènera une sage critique.

Il suffit d'une simple observation pour s'apercevoir que les paragraphes 1 et 3 de notre article contiennent de graves erreurs. Comme ils n'auraient pas dû figurer dans son énoncé, et que dès-lors ils ne font que surcharger son texte, nous commencerons par les enrayer. Cela posé, nous attaquerons avec assurance ce qui constitue le fond même de la question.

Le § 1er, en rangeant l'obligation hypothécaire parmi les obligations indivisibles, a péché contre le bon sens et contre tous les principes admis en matière juridique. Qu'est-ce, en effet, que l'obligation hypothécaire ? C'est celle à laquelle vient s'adjoindre une hypothèque qui la garantisse. Mais l'hypothèque peut garantir une dette divisible comme une dette indivisible. D'où il suit que, de cela seul que l'hypothèque vient s'adjoindre à une dette, il n'en résulte pas nécessairement que cette dette soit indivisible.

Ceci est incontestable quand un créancier unique se trouve en présence d'un débiteur unique. Exemple : Un débiteur doit 10,000 fr., et la créance est garantie par une hypothèque de valeur égale. Bien que la dette ne puisse être acquittée par parties, elle est cependant divisible au fond. Si, en fait, elle n'offre point ce caractère, l'unique motif en est que l'exécution ne saurait être partielle. Si la dette est au fond divisible , l'hypothèque viendra donc garantir une dette divisible. Donc , de cela seul que l'hypothèque vient consolider une obligation , on ne saurait conclure que l'obligation elle-même soit indivisible.

Si la dette est divisible au fond, quand il n'y a qu'un créancier et qu'un débiteur, à plus forte raison le sera-t-elle , quand les héritiers du débiteur se trouveront en présence du créancier ou des successeurs de ce dernier. Dans cette hypothèse , la dette qui naguère était en fait indivisible se fractionnera de plein droit. Dès-lors , l'hypothèque qui viendra garantir, soit une portion de la créance, soit chaque portion , ne sera que l'accessoire d'une chose divisible. Donc , dans ce cas même, le principe posé dans le § 1er est faux.

De tout ce que nous venons de dire , il résulte qu'une dette n'est pas indivisible, par cela seul qu'elle est hypothécaire. Et cependant les rédacteurs du Code Napoléon ont affirmé le contraire. Toutefois , il est impossible d'admettre qu'ils soient tombés pour ainsi dire bénévolement dans une erreur si grave. Aussi notre devoir est-il de rechercher la cause de cette erreur, et de fournir une explication satisfaisante.

Le vrai motif qui a déterminé les rédacteurs du Code n'est pas difficile à trouver. De ce que l'hypothèque est indivisible , ils ont pensé qu'elle communiquait, pour ainsi dire, sa nature à la dette dont pourtant elle n'est que l'accessoire. De ce que le tiers-détenteur peut être poursuivi pour le tout, tandis que les autres débiteurs ne peuvent être poursuivis que pour leur part et portion, ils en ont conclu que, par rapport à lui, la dette était indivisible, puisqu'en somme il doit l'acquitter en entier. Mais cette circonstance ne tient pas à la nature de la dette, parfaitement divisible par elle-même; c'est un effet de l'indivisibilité de l'hypothèque. Au contraire, quand il s'agit de savoir si une dette est indivisible, c'est à sa nature et à sa nature intrinsèque, qu'il faut s'attacher uniquement.

L'indivisibilité de l'hypothèque repose sur des motifs fort raisonnables. On a voulu que la plus petite parcelle du terrain hypothéqué fût affectée à la sûreté de l'obligation et de toute l'obligation. Ce trait caractéristique de l'hypothèque a été fort bien exprimé dans cette maxime également applicable aux servitudes : *Est tota in toto et tota in quâlibet parte.* De telle sorte qu'étant donnée une dette de 9,000 fr., si le détenteur en avait payé le tiers, l'immeuble répondrait en entier pour les 6,000 fr. qui restent dus. Le tiers de l'immeuble eût-il péri, les deux tiers répondraient encore de l'intégralité de la dette. L'indivisibilité de l'hypothèque garantit donc à la fois et la créance et chaque portion de la créance, et c'est pour ce motif qu'elle a été introduite.

Les principes que nous venons de poser nous serviront à résoudre plusieurs difficultés. Comme elles se rattachent d'une manière intime à la matière dont nous traitons, nous pouvons les aborder sans crainte de sortir des limites qui nous sont tracées.

Plusieurs cas peuvent se présenter :

Premier cas. — Prenons toujours pour exemple la dette de 9,000 fr., et supposons que le débiteur vende une portion de l'immeuble et conserve l'autre. La portion vendue comme la portion conservée répondront de la dette entière, et chacune séparément.

Deuxième cas. — L'immeuble est partagé entre plusieurs héritiers. Dans ce cas, chacun est tenu hypothécairement pour le tout.

Troisième cas. — Le créancier décède à la survivance de plusieurs héritiers. Dans ce cas, la créance se divise, mais l'immeuble est affecté en entier à la sûreté de chaque fraction. Si donc le débiteur se libère vis-à-vis de l'un des héritiers, l'immeuble entier garantira la part des autres.

L'indivisibilité de l'hypothèque, d'après ce que nous venons de dire, est donc fondée sur la supposition qu'il a été tacitement convenu entre les parties que la disparition de l'hypothèque n'aurait lieu qu'avec celle de la créance elle-même.

De là, nous tirons une conséquence importante, savoir que l'indivisibilité n'est pas de l'essence même de l'hypothèque, mais seulement de sa nature. On peut donc y déroger par des conventions contraires. Ainsi, on peut stipuler que la dette se fractionnera à la mort de chaque débiteur, et alors chacun ne pourra être poursuivi hypothécairement que pour sa portion. On peut stipuler encore que, si le débiteur transfère à

un tiers la propriété d'une portion de l'immeuble et
conserve l'autre, l'hypothèque ne subsistera plus que
sur cette dernière portion. De même encore, on peut
convenir que le tiers-détenteur ne sera tenu que pour
le quart ou la moitié de la dette.

L'héritier qui a payé sa part dans la dette et qui
seul est détenteur de l'immeuble hypothéqué n'est tenu
que *propter rem*. Il en résulte que, si mieux il l'aime,
il peut se libérer en délaissant l'objet hypothéqué,
comme pourrait le faire le tiers-détenteur dont l'obligation n'est pas personnelle. Il en résulte encore que,
si le fonds affecté à la dette vient à périr par suite
d'un cas fortuit, l'héritier qui a payé sa part ne pourra
plus être l'objet d'aucune poursuite. Et s'il n'avait pas
encore acquitté sa part, il ne pourrait être actionné
que personnellement et seulement pour cette part. En
effet, il ne pourrait être poursuivi pour le tout que
comme possesseur de l'immeuble. Or, l'immeuble
n'existe plus.

Il y a plus. Lors même que cet héritier aurait aliéné
l'objet à un tiers, il ne pourrait être poursuivi que
pour sa part, lorsqu'au contraire le tiers-détenteur
pourrait être actionné pour le tout. Le débiteur hypothécaire peut, en effet, parfaitement aliéner ; dès-lors,
la maxime : *Qui dolo malo desüt possidere pro possessore
habetur* ne saurait recevoir d'application à son égard.

Le gage offrant beaucoup d'analogie avec l'hypothèque, il n'est pas étonnant que l'indivisibilité soit
l'un de ses caractères.

Nous savons maintenant ce qu'il faut penser du

principe énoncé dans le § 1ᵉʳ, nous savons aussi quel
est l'esprit qui a présidé à sa rédaction. Cet esprit,
comme nous croyons l'avoir démontré, n'était rien
moins qu'un oubli des règles fondamentales dans la
matière des hypothèques. Après avoir dégagé la matière d'une première erreur, nous devons passer au
§ 3 qui en renferme une seconde. Nous n'aurons pas
de peine à établir que ce paragraphe n'est pas plus
fondé en droit que le premier.

Ce § 3 est ainsi conçu : « Lorsqu'il s'agit de la
dette alternative de choses au choix du créancier dont
l'une est indivisible. »

Emettre une semblable doctrine, c'est dévoiler un
complet abandon des principes. En effet, le créancier
étant investi du droit de déterminer la dette, pourra
réclamer la chose divisible comme la chose indivisible.
S'il réclame la chose divisible, la dette, en vertu du
principe de la rétroactivité de la condition, sera censée
avoir été divisible dès le commencement, et dès-lors
notre principe est faux. Si c'est, au contraire, la chose
indivisible qu'il réclame, la dette sera réputée avoir
toujours eu le caractère d'indivisibilité, et cela pour le
même motif. Et remarquons que cette indivisibilité
n'aura point sa cause dans l'alternativité même de la
dette, mais bien dans sa nature. Le créancier, en
effet, s'il pouvait réclamer la chose indivisible, ne
pouvait-il point aussi réclamer la chose divisible?

Cette erreur a été amenée à peu près de la même
manière que la précédente. De ce que le créancier n'a
pas le droit, quand la dette est alternative, de récla-

mer une portion d'une chose et une portion d'une autre, on en a conclu qu'il ne peut réclamer qu'un tout, et de là on a été amené à penser que ce tout devait être nécessairement indivisible. Mais c'est là une grave erreur. En effet, le tout dont il est ici question n'est autre chose que l'un ou l'autre des deux objets considéré dans son entier. Or, dans l'hypothèse actuelle, un de ces deux objets est divisible. Donc, le tout ne sera pas essentiellement indivisible, puisque dans un cas il est susceptible de division. Donc aussi, de ce que le créancier peut réclamer un tout, on ne saurait en induire qu'il ne peut réclamer qu'un tout indivisible.

Les auteurs dont nous venons de réfuter l'opinion ont raisonné vis-à-vis des débiteurs comme ils l'avaient fait vis-à-vis des créanciers. « Le débiteur, ont-ils dit, ne peut pas se libérer en livrant une partie d'un objet et une partie d'un autre objet. Donc il doit livrer un objet entier; donc aussi la dette ne pourra être autre qu'indivisible. Même erreur que dans le cas précédent. Les raisons que nous avons données pour combattre la première, nous les appliquerons aussi dans l'hypothèse présente, et avec d'autant plus de fondement, que la seconde erreur puise son origine dans la première.

Si maintenant nous supposons les deux objets également indivisibles, alors la dette ne pourra présenter qu'un seul caractère, celui de l'indivisibilité. Mais ici, comme dans le cas précédent, l'indivisibilité résulte de la nature même des choses, et non pas de ce que la dette présente le caractère d'alternativité.

Si les principes que nous venons de poser sont applicables au cas où le créancier se trouve en face d'un
seul débiteur, ils le seront aussi au cas où plusieurs
héritiers viendront prendre la place de ce débiteur. Il
y a toutefois cette différence entre la première hypothèse et la seconde, que s'il réclame la chose divisible, la dette se divisera entre eux et de plein droit,
ce qui ne pourrait avoir lieu dans la première, par la
raison que nous avons indiquée plus haut. Si, au contraire, il réclame la chose indivisible, alors il pourra
faire vis-à-vis de chacun des héritiers ce qu'il pouvait
faire vis-à-vis du débiteur principal; en un mot, il pourra
intenter une action contre chacun et pour le tout. Mais
l'héritier poursuivi ne doit pas être condamné à la
totalité des dommages et intérêts, en cas d'inexécution
de l'engagement. S'il met en cause ses cohéritiers,
les dommages et intérêts se diviseront entre eux et
lui, à moins que seul il ne puisse acquitter la
dette.

Si les deux dettes qui font l'objet de l'obligation
alternative étaient également divisibles, il est incontestable que le débiteur ne pourrait point se libérer en
offrant partie d'une chose et partie d'une autre. Il ne
peut abandonner qu'une chose entière. Ce lien qui
l'enchaîne passera également à ses héritiers. Sous ce
point de vue, l'obligation alternative, qui embrasse
deux choses divisibles, se rapproche de celle dans
laquelle figure un objet indivisible. Et c'est peut-être
cette analogie qui a quelque peu contribué à l'erreur
commise dans le § 3.

Si la dette était d'une chose parfaitement susceptible de division, comme une somme d'argent, et si l'autre chose n'était divisible qu'intellectuellement, comme le serait un cheval, par exemple, le créancier, dans l'hypothèse où il choisirait le cheval, pourrait poursuivre l'héritier qui le détiendrait pour le tout, et les autres pour leur part et portion seulement. La solution doit être ici la même que quand la dette est d'un corps certain et déterminé.

Toutefois, et si dans une pareille hypothèse le cheval avait péri par la faute de l'héritier, ses cohéritiers ne pourraient être poursuivis que pour la somme, et chacun pour sa part, attendu que, par rapport aux codébiteurs, cette somme constitue maintenant l'unique objet de l'obligation. Mais le créancier pourra réclamer contre l'héritier en faute et le prix du cheval et les dommages et intérêts.

Si le choix appartenait aux héritiers du débiteur, nous ne pourrions pas, dans ce cas, invoquer l'art. 1221, par la raison bien simple que les héritiers pouvant faire élection, et cette élection déterminant la chose qui est due, il ne peut demander à chacun que sa part et portion dans l'un ou l'autre objet.

Après avoir dégagé le sujet qui nous occupe de tout élément qui lui est étranger, après avoir aussi réfuté les erreurs qui ont amené cette confusion, nous devons nous demander dans quels cas l'obligation est vraiment indivisible *solutione.*

Ces cas sont au nombre de trois. L'obligation est indivisible *solutione :* 1° quand la dette est d'un corps certain (art. 1221, § 2); 2° lorsque l'un des héritiers est chargé seul et en vertu du titre d'exécuter l'obligation (art. 1221, § 4); 3° enfin, lorsqu'il résulte, soit de la nature de l'engagement, soit de la chose qui en fait l'objet, soit de la fin qu'on s'est proposée dans le contrat, que l'intention des contractants a été que la dette ne pût s'acquitter partiellement. Ce qui revient à dire que l'obligation est indivisible *solutione* dans tous les cas de l'art. 1221, autres que ceux prévus dans les § 1 et 3.

Nous allons successivement étudier ces trois paragraphes, dans lesquels se trouve renfermée, comme on le voit, toute la matière dont nous traitons.

Première hypothèse. — L'obligation est indivisible *solutione*, lorsque la dette est d'un corps certain.

Par corps certain, on entend, dans le langage du droit, une chose déterminée, individualisée, spécialisée. Exemple : Je vous vends la pièce de terre que je possède près de Paris. Ici, on ne saurait se méprendre sur la chose qui fait l'objet de la vente; on ne saurait la confondre avec une autre, parce que, au moment même où le contrat a été passé, on l'a fixée d'une manière claire et précise.

Dans ce cas, on dira, et avec raison, que la pièce de terre dont il s'agit est un corps certain. Si, au contraire, je vous avais simplement vendu cent sacs de blé, on ne pourrait pas dire ici que je vous ai vendu un corps certain. En effet, pour que la vente fût parfaite, il aurait fallu que la qualité du blé eût été déterminée dès le principe. Or, cela n'a pas eu lieu. Donc, dans l'hypothèse actuelle, il ne saurait être question d'un corps certain.

Nous savons ce qu'on entend par corps certain. Or, la loi nous dit que, quand il s'agit d'un corps certain, la dette ne se fractionne point entre les héritiers du débiteur. Il s'agit de bien examiner cette théorie.

Raisonnons comme dans les hypothèses précédentes, et supposons d'abord le cas où un créancier unique se trouve en présence d'un débiteur unique. Dans ce cas, la règle que nous venons de poser trouvera incontestablement son application. Sans doute, le corps certain est par lui-même parfaitement divisible ; mais nous avons déjà dit maintes et maintes fois, qu'alors même que l'objet était susceptible de division, l'exécution ne l'était point. Si donc je me suis engagé à vous livrer une pièce de terre, c'est en totatité que je devrai vous la livrer, et non par portions. De même, si je me suis engagé à vous mettre en possession d'un immeuble dont je vous ai constitué l'usufruit, je devrai vous en faire la tradition instantanément, et non pas successivement. Concluons de là que, dans l'hypothèse où il n'y a qu'un créancier et qu'un débiteur, la dette d'un corps certain ne présentera jamais d'autre caractère que celui de l'indivisibilité.

Supposons que le débiteur décède avant d'avoir livré le fonds et laisse plusieurs héritiers : nous devons rechercher, dans cette hypothèse, de quelle manière s'acquittera l'obligation.

Deux cas peuvent se présenter : ou les héritiers sont dans l'indivision, ou ils n'y sont point.

S'ils sont dans l'indivision, chacun est propriétaire de l'ensemble des objets indivis, en faisant toutefois cette précision que son droit est limité par le droit des autres. Mais si limité qu'il soit, il n'en a pas moins une existence réelle. Si chacun est propriétaire, et propriétaire d'un tout, chacun pourra être poursuivi pour le tout. Il en serait de même, si seulement il s'agissait de mettre en possession du fonds dont il est ici question.

Supposons maintenant que l'indivision ait cessé, et que, par l'effet du partage, le fonds soit devenu la propriété d'un seul des héritiers, ou son lot. Cet héritier pourra être poursuivi pour le tout, et la raison n'est pas difficile à donner. Le défunt possédant le fonds entier, pouvait être actionné pour le tout. Or, le partage ayant eu lieu et ayant amené un résultat identique à celui que nous venons de signaler, n'est-il pas logique de donner ici la même solution ? Ne convient-il pas que le créancier réclame la chose là où elle se trouve ? L'héritier devra donc payer la dette entière ; mais n'étant tenu au tout qu'en sa qualité de détenteur, il aura un recours contre ses cohéritiers pour tout ce qui excèderait sa part. Il en serait autrement si, par une clause spéciale insérée dans l'acte de partage, il avait été seul chargé d'acquitter toute la dette, sans espoir de recevoir aucune indemnité.

Nous en dirions autant du cas où il s'agirait simplement de mettre en possession.

Il n'en serait pas de même du cas où l'immeuble, au lieu de tomber dans le lot d'un seul, aurait été partagé entre les divers cohéritiers. Ici, la part à délivrer par chacun a été fixée; il en résulte que chacun ne pourra être actionné que pour cette même part. A bien plus forte raison, en sera-t-il de même lorsqu'il faudra simplement mettre en possession.

Voilà pour le cas où il s'agit de donner ou de livrer un corps certain qui existe en nature dans la succession. *Quid* dans l'hypothèse inverse?

Dans ce cas, le corps n'est pas certain, par cela même qu'il ne peut devenir la propriété des débiteurs qu'en vertu d'une acquisition. Ici, le droit actif à exercer contre le débiteur n'est autre qu'une créance; d'où il suit que, s'il n'exécute point son engagement, il pourra être poursuivi pour la totalité des dommages et intérêts. Mais la dette, en vertu du principe posé plus haut, se divisera de plein droit entre ses héritiers. Cette solution s'explique d'autant plus facilement, que la convention n'a pas investi le créancier d'un droit de propriété, mais d'un simple droit de créance. Or, cette créance est divisible. Donc, etc.

Voilà pour le cas où il s'agit d'un corps certain à donner ou à livrer. Mais on peut être débiteur d'un corps certain, non-seulement en étant obligé d'en transférer la propriété ou d'en faire la tradition, mais encore en étant obligé à le créer ou à le confectionner. Que déciderons-nous donc pour le cas où il s'agit de faire un corps certain; par exemple, une statue, un tableau, une montre?

Ici encore, comme dans les cas précédents, si un débiteur unique se trouve en présence d'un créancier unique, l'obligation ne pourra point être acquittée par parties. Et ce que nous disons du débiteur, nous le dirons aussi de ses héritiers. Chacun d'eux ne pourra point se libérer en offrant au créancier le tiers d'une montre, d'un tableau ou d'une statue. S'il en était autrement, le créancier qui aurait obtenu de l'un une partie de la chose, serait obligé, en cas d'inexécution de la part des autres, à les faire condamner à des dommages et intérêts, et, par suite, il n'arriverait point au but qu'il s'est proposé d'atteindre. D'ailleurs, on ne conçoit point la tradition partielle d'une montre, d'un tableau ou d'une statue, par cela seul que l'on ne comprend point la confection partielle de chacun de ces objets. Donc le créancier doit avoir le droit de poursuivre chacun des débiteurs pour le tout, sauf le recours de chacun contre les autres, pour tout ce qui excèderait sa part dans la dette.

Il en est de même de l'obligation de faire une maison. L'engagement ne serait donc point accompli, si, sur trois héritiers, deux seulement avaient fait les deux tiers de l'ouvrage, tandis que le troisième se serait refusé à exécuter l'obligation pour sa part, et serait, par suite, soumis à une action en indemnité. Le créancier, en effet, n'aurait point obtenu ce qu'il attendait. Il suit de là que, dans l'hypothèse qui nous occupe, le créancier pourra poursuivre chacun des débiteurs, et pour le tout. Si donc deux d'entre eux avaient accompli l'obligation pour leur part, et que le troisième n'eût pas exécuté la loi du contrat, il pourrait les actionner chacun pour le tout, à l'effet d'achever ce qui a été commencé. Chacun d'entre eux aurait alors un recours à exercer contre l'héritier en faute, pour être remboursé de ce qu'il a payé de trop au créancier.

Seconde hypothèse. — Le § 4 de l'art. **1221** est relatif au second cas où l'obligation est indivisible *solutione* ; il est ainsi conçu :

« Lorsque l'un des héritiers a seul été chargé, en vertu du titre, d'acquitter l'obligation. »

Une pareille clause ne saurait avoir lieu dans un contrat ordinaire. En effet, un contrat ne.lie que les parties contractantes. Or, dans l'hypothèse actuelle, l'une des parties lie d'avance son héritier, alors qu'elle ne saurait obliger qu'elle seule.

Mais ce que l'auteur n'a pu faire dans un contrat, il peut le faire dans un testament. Dans ce cas, il lui est libre de mettre la dette, et la dette entière, à la charge de l'un des héritiers. Mais il faudra, pour compenser une pareille inégalité, qu'il fasse sa portion plus forte que celle des autres, ou qu'il lui reconnaisse le droit de recourir contre ses cohéritiers, pour ce qui excèderait sa part dans la dette. S'il en était autrement, l'héritier serait lésé, et, par suite, pourrait demander la nullité du partage.

Si nous nous en tenions là, nous ne comprendrions point le véritable esprit qui a présidé à la rédaction de notre paragraphe ; il faut donc donner une interprétation plus satisfaisante.

Cette disposition paraît combattre le principe éminemment fondé en droit, d'après léquel le débiteur ne peut promettre qu'un seul de ses héritiers sera tenu de toute l'obligation. Ce principe, nous le trouvons reproduit d'une manière claire et précise dans la loi 56, § 1, ff. : « *De verborum obligationibus.* » Si, en effet, nous consultons cette loi, nous y lisons ce qui suit : *Te et Titium hæredem tuum decem daturum spondes ? Titii persona supervacua comprehensa est. Sive enim solus hæres extiterit, in solidum tenebitur; sive pro parte, eodem modo quo cæteri cohæredes ejus.*

La raison qui a fait dicter ce texte n'est pas difficile à trouver. L'héritier dont il est ici question ne représente le défunt que pour partie ; il ne saurait donc être tenu que pour partie. Donc le testateur ne peut l'engager au-delà de cette même part.

Pothier partageait cette manière de voir. Voici, en effet, comment il s'exprime dans un de ses fragments :

« De même que nous ne pouvons stipuler pour quelqu'un qu'autant et pour la part pour laquelle il sera notre héritier, de même nous ne pouvons promettre pour l'un de nos héritiers que pour cette même part. Aussi serait-ce en vain qu'un débiteur comprendrait nommément dans la convention un tel qui doit être l'un de ses héritiers ; car il ne sera tenu de la dette que comme les autres héritiers qui n'y ont point été compris. »

Mais plus loin, et au n° 317 de ses œuvres, cet auteur a reconnu que le principe qu'il avait posé au n° 66 était trop rigoureux. Cette fois, son langage est bien moins absolu qu'il ne l'était précédemment.

« Nonobstant cela, Dumoulin décide avec raison qu'on peut valablement convenir qu'une dette ne

pourra être acquittée par parties par les différents héritiers du débiteur, et il remarque fort bien que cette
convention est bien différente de l'espèce de la loi
ci-dessus rapportée (loi 56, § 1, *de verborum obligationibus*), laquelle tombe sur la substance même de
l'obligation ; au lieu que cette convention ne concerne
que la manière dont le paiement se fera : *Non spectat
substantiam obligationis, sed modum ; undè, quœmad-
modum potest in prœjudicium hœredum determinari locus
et tempus solutionis, ita et modus.* Cette convention
n'empêche point que l'un des héritiers du débiteur
ne soit tenu de la dette que pour sa part; mais l'effet
est qu'il ne peut faire le paiement que de la chose
entière conjointement avec ses cohéritiers, de manière
que les offres qu'il ferait de donner sa part seraient
insuffisantes pour satisfaire, même pour sa part, à
l'obligation dont il est tenu, si ses cohéritiers n'of-
frent également la leur.

D'après ce que nous venons de voir, il est con-
stant que Pothier et Dumoulin pensaient que la
clause dont nous traitons ne touche point à l'essence
même de l'obligation, mais seulement au mode de
paiement qu'elle rend indivisible de divisible qu'il
est de sa nature.

Nous pensons que le Code Napoléon a adopté l'opinion de Dumoulin et de Pothier. Cette croyance repose
sur des motifs solides. En effet, tous les articles du
Code, sur les obligations, que sont-ils sinon l'expression de la pensée de Pothier ? Et qu'ont fait les rédacteurs de cet impérissable monument, sinon poser

comme principe et comme exception, ce que lui-même avait érigé en principe et en exception? Et leurs exemples ne sont-ils point tirés le plus souvent des écrits de ce savant jurisconsulte? Cela suffit pour établir que la pensée qui animait les rédacteurs du Code Napoléon, sur la question qui nous occupe, n'a pu être autre que celle qu'avait eue Pothier lui-même. Or, la pensée de Pothier, nous la connaissons. Il y a plus. Le passage qui suit, extrait du discours de l'orateur du gouvernement, constitue une preuve péremptoire en notre faveur. Voici comment s'exprime l'orateur : « Celui des héritiers qui, dans ces divers cas (notre hypothèse rentre dans l'un de ces cas), a payé plus qu'il n'est dû en cette qualité, a son recours ainsi que de droit contre ces cohéritiers, parce que ce n'est pas l'obligation, mais seulement le paiement qui a été mis à sa charge. »

En disant qu'on ne peut promettre qu'un seul de ses successeurs sera tenu de l'obligation entière, on ne fait qu'exprimer une opinion véritable. Par là, en effet, on n'entend point dire que le débiteur ne puisse imposer à un seul de ses héritiers d'acquitter la dette entière.

Mais nous allons voir des cas où la clause affecte l'obligation elle-même, sans que pour cela nous soyons obligés d'abandonner les principes que nous venons de poser. Ces hypothèses ne sont que des exceptions à une loi générale; or, nous savons que les exceptions ne font que mieux ressortir la vérité des principes.

Le premier cas où la clause peut affecter l'obliga-

tion elle-même est celui où le promettant, en attri-
buant nommément tel immeuble à l'un de ses héritiers,
lui a imposé la charge de faire tels ou tels travaux,
pour que le stipulant puisse exercer sur ce fonds la
servitude de passage dont il a été convenu. Cette
clause peut se faire par actes entre-vifs, aussi bien
que par testament.

Dans ce cas, l'héritier qui détient l'immeuble a
seul été considéré pour ce qui touche à l'acquittement
de l'obligation. Il pourra donc être poursuivi pour le
tout et n'aura aucun recours à exercer contre ses cohéritiers ; car la dette au lieu d'atteindre ceux-ci ne
liait que lui seul.

Le second cas est celui où un testateur a chargé
nommément l'un de ses héritiers d'acquitter un legs.
Il est évident que cet héritier ne pourra pas, après
avoir payé sa dette, exercer un recours contre ses
cohéritiers ; car le legs n'a été mis à la charge que de
lui seul.

Le troisième cas est celui où un testateur impose
à l'un de ses héritiers la charge d'acquitter la dette
dont il est tenu vis-à-vis d'un tiers, en donnant au
créancier la faculté d'en poursuivre le paiement sur
cet héritier.

Dans cette hypothèse, le créancier peut être assimilé
à un légataire. D'où il suit, qu'il ne pourra réclamer
le montant de la créance qu'à l'héritier désigné, et
que, si le testateur a voulu mettre le legs dont il s'agit
uniquement à la charge de ce dernier, tout recours
sera fermé à celui-ci contre les autres cohéritiers.

Mais si le testament n'a fait qu'indiquer l'héritier qui doit acquitter la dette, et ne renferme dans toutes ses parties aucun avantage en faveur du créancier, celui-ci ne saurait être admis à se prévaloir de cette disposition. L'héritier, dans ce cas, ne devra indemniser ses cohéritiers que pour les frais, intérêts ou dommages et intérêts auxquels ils auraient été condamnés par sa faute; mais, en dernier lieu, ce ne sera pas lui qui paiera l'intégralité de la dette.

Toutefois, et même dans cette hypothèse, il faudrait donner une solution différente, s'il était manifeste que l'intention du testateur a été de mettre la dette à la charge exclusive de l'héritier dont nous parlons.

Dans tous les autres cas, l'héritier pourra bien être poursuivi pour le tout; mais, en définitive, la dette ne pèsera pas sur lui en totalité. Et c'est là précisément la différence qui existe entre le cas où la clause n'affecte que le paiement et celui où elle affecte l'obligation elle-même.

Les effets principaux de la clause dont nous parlons sont au nombre de trois :

1° Elle autorise à faire condamner pour le tout l'héritier qui négligerait de mettre en cause ses cohéritiers;

2° Si la dette était productive d'intérêts et que le débiteur n'offrît que sa part, le cours des intérêts ne serait point suspendu malgré ces offres;

3° La clause pénale serait encourue dans l'hypothèse qui nous occupe, même pour la part de cet héritier.

C'est donc avec raison que nous avons avancé que
le promettant ne peut en général imposer à l'un de
ses héritiers la charge d'acquitter la dette en son
entier. Si cette clause existe, et si l'obligation peut
être exécutée conjointement par tous les héritiers,
celui d'entre eux qui est actionné par le créancier
pourra mettre en cause les autres, à l'effet de coopérer avec lui à l'acquittement de la dette. Nous avons
reconnu aussi que l'héritier ne peut offrir un paiement
partiel qu'en se soumettant à voir les intérêts courir
contre lui, et la clause pénale avoir son plein et entier
effet. Enfin, nous avons démontré que telle avait été
l'opinion de Dumoulin et de Pothier, et nous croyons
avoir établi que la pensée des rédacteurs du Code n'a
pu être autre que celle de ces deux éminents jurisconsultes. Ici devrait donc naturellement se terminer le
sujet qui nous occupe; toutefois, nous ne le quitte-
rons point sans réfuter quelques objections que l'on
peut formuler contre nos principes.

Plusieurs jurisconsultes remarquables, et parmi eux
nous citerons M. Toullier, soutiennent l'opinion contraire. Non-seulement ils reconnaissent que le débiteur
peut imposer à l'un de ses héritiers la charge d'acquitter l'obligation entière, mais ils ajoutent que, dans le
cas même où cet héritier aurait été chargé du paiement
intégral, tous les autres héritiers n'en seraient pas
moins tenus solidairement. Et ils invoquent à l'appui
de cette opinion le droit antérieur au Code Napoléon,
qui, dans certaines coutumes, consacrait ces principes.

Quelques coutumes admettaient, il est vrai, les

principes que M. Toullier a tant essayé de faire prévaloir; mais si elles les admettaient, c'était avec des restrictions importantes. D'ailleurs, dans une matière si importante, on ne saurait en appeler à l'autorité de quelques coutumes; il faudrait au moins, si on voulait recourir à la tradition juridique, invoquer l'opinion la plus généralement admise dans le droit antérieur. Or, cette opinion est entièrement opposée à celle de Toullier. En effet, les jurisconsultes qui florissaient sous cette période, pensaient, non-seulement que les héritiers ne sauraient être tenus solidairement, mais même que le débiteur ne pouvait les obliger sous cette clause. Et la raison qu'ils en donnaient, on peut encore l'invoquer de nos jours. « Tel héritier, disaient-ils, n'accepte souvent que parce qu'il compte sur la loi qui divise les dettes de plein droit entre les héritiers. » Il serait donc frustré dans ses calculs et éprouverait un grave préjudice, si, contrairement à l'esprit du contrat qu'il a entendu passer avec les créanciers, il pouvait être condamné à payer l'intégralité de la dette.

En droit romain, où la puissance du testateur était cependant si étendue, une pareille clause eût été regardée comme illicite, par cela seul qu'elle était la négation formelle du principe si sage de la division des dettes. A bien plus forte raison, doit-il en être de même sous notre législation, plus spiritualiste que celle des Romains.

Si maintenant on objecte que l'héritier pouvait accepter sous bénéfice d'inventaire, nous répondrons qu'il pouvait ignorer l'existence des actes passés entre son auteur et les créanciers, et qu'alors aucune faute ne pourrait lui être imputée. Si, nonobstant cette observation, on nous disait que, par cela même qu'il a un recours contre ses cohéritiers, son obligation ne consiste en réalité qu'en de simples avances, nous soutiendrions de notre côté qu'une pareille charge est souvent fort onéreuse, et qu'il est des cas où elle amène les résultats les plus désastreux. Supposons, par exemple, que plusieurs héritiers aient accepté sous bénéfice d'inventaire, lorsqu'un seul n'a accepté que purement et simplement; si la succession vient à être insuffisante, ce sera lui qui en définitive supportera toute la dette, puisque son recours contre les autres cohéritiers demeurera inutile.

Disons plus. Si l'opinion que nous combattons devait triompher, il faudrait abroger le principe de la division des dettes consacré par l'art. 1120 du Code Napoléon. Alors au moins, chaque héritier étant prévenu, saurait à quoi s'en tenir, et par là même deviendrait responsable du fait de son acceptation.

Troisième hypothèse. — Nous nous sommes assez étendu sur le § 4, relatif au second cas d'indivisibilité *solutione*, pour pouvoir porter notre attention sur le 5e et dernier paragraphe de notre article. Sans entrer dans les controverses et les difficultés qu'il a suscitées parmi les auteurs, nous nous bornerons à en donner une analyse succincte et raisonnée. Ce sera aussi par cette même analyse que nous terminerons notre sujet.

Le § 5 de l'art. 1221 est ainsi conçu : « L'obligation est indivisible, lorsqu'il résulte, soit de la chose qui fait l'objet du contrat, soit de la nature de l'engagement, soit de la fin qu'on s'est proposée dans le contrat, que l'intention des contractants a été que la dette ne pût s'acquitter partiellement. »

Nous examinerons successivement chacune de ces trois hypothèses. Commençons d'abord par celle qui est relative à la chose qui fait la matière de l'obligation.

L'obligation est indivisible, nous dit le premier alinéa du § 5, si la nature de son objet est telle, qu'elle répugne à toute prestation partielle. Incontestablement, cet alinéa a eu en vue les corps certains et déterminés. Mais nous ne devons pas perdre de vue que le § 2 de l'art. 1221 s'occupe précisément de la théorie des corps certains. Il semble dès-lors que le § 5 n'est qu'une répétition inutile du § 2, ou, pour mieux parler, n'est qu'une redondance. Toutefois, une pareille interprétation ne serait rien moins que fondée. L'explication que nous allons donner établira suffisamment, nous l'espérons, que les rédacteurs du Code Napoléon n'ont pas confondu le cas prévu par le § 2 avec le cas dont parle le § 5.

Oui, sans doute, le § 5 s'occupe, comme le § 2, des corps certains, mais ce n'est pas à un point de vue identique. Le § 2 se réfère au cas où l'on peut poursuivre l'héritier détenteur pour le tout, et les autres seulement pour leur part et portion. Au contraire, le § 5 a trait à l'hypothèse où chacun des héritiers indistinctement pourra être poursuivi pour le tout.

Supposons, par exemple, qu'un individu soit tenu à la restitution d'un objet qu'il a reçu à titre de dépôt, de louage ou de *commodat*, et meure à la survivance de plusieurs héritiers. Notre paragraphe recevra ici parfaitement son application. Si, en effet, les héritiers sont dans l'indivision, il est évident que chacun pourra être actionné pour le tout. Toutefois, et même dans cette hypothèse, si l'objet peut être délivré par tous les héritiers conjointement, celui qui est actionné ne pourra mettre en cause les autres à l'effet de coopérer avec lui à la restitution. Ici nous sommes véritablement sous l'empire du § 5. Si, au contraire, et par l'effet du partage, l'objet est tombé entre les mains d'un seul des héritiers, seul cet héritier pourra être poursuivi pour le tout et condamné pour le tout, et alors nous tomberons dans l'hypothèse prévue par le § 2.

Si l'auteur avait fait périr la chose et par sa faute, les dommages et intérêts auxquels il aurait été condamné se diviseront de plein droit entre ses héritiers. Il n'en serait pas de même, si la chose avait péri par la faute de l'un des héritiers. Cet héritier serait seul passible des dommages et intérêts, sans qu'aucun recours lui fût ouvert contre les autres codébiteurs.

Le débiteur s'était porté fort de faire avoir la chose au créancier; il décède laissant plusieurs héritiers et sans avoir accompli son obligation. On demande quels seront les rapports de ces derniers avec le créancier.

Si l'auteur vivait encore et n'avait point rempli son engagement, il aurait pu être condamné à la totalité des dommages et intérêts. Il n'en sera pas de même de ses héritiers. Sans doute ici, comme dans le cas précédent, chacun pourra être poursuivi pour le tout; mais la condamnation sera divisée. Pourquoi? Parce que la promesse de faire avoir une chose ne constitue au fond qu'une créance, et cette créance est divisible. Donc les dommages et intérêts en lesquels elle se transformera le seront aussi.

Nous avons dit plus haut que, dans le cas où l'un des héritiers aurait fait périr la chose par sa faute, cela ne saurait engager en rien la responsabilité de ses cohéritiers, qui dès-lors demeureraient affranchis de toute prestation. Cette règle, nous l'appliquerons aussi au cas où l'héritier a vendu la chose dans l'ignorance qu'elle appartenait au créancier.

L'héritier détenteur du corps certain pouvant être poursuivi pour le tout, nous en induisons que, si la chose vient à périr par cas fortuit, il sera affranchi de toute obligation. Et ce que nous disons de lui, nous le disons également de ses cohéritiers.

Nous venons de voir qu'un héritier n'est pas tenu du fait de son cohéritier. Il n'en est pas de même en matière d'obligations solidaires, où le principe opposé prévaut. Expliquons cette différence :

Les codébiteurs solidaires sont garants des faits de leur codébiteur, *non ad augendam, sed ad perpetuandam obligationem.* Il en résulte qu'ils sont tenus du prix de la chose, et rien que du prix de la chose, et, par suite, qu'une condamnation à des dommages et intérêts ne saurait jamais les atteindre. Mais la règle que nous venons de poser ne saurait s'appliquer aux héritiers de celui qui doit un tout, quand même l'obligation primitive serait solidaire ou indivisible. Si, en effet, elle était solidaire, les autres débiteurs seraient garants du fait de l'héritier en faute et seulement pour sa part. Il n'en saurait être de même de ses cohéritiers. Ceux-ci ne seront soumis à aucune indemnité, par la raison bien simple que la garantie n'est pas due de cohéritier à cohéritier, l'un ne pouvant être responsable des fautes de l'autre. S'il en est ainsi lorsque l'obligation est solidaire, à plus forte raison en sera-t-il de même si elle est indivisible.

Voilà ce que nous avons à dire pour le cas où le corps dont il s'agit est déterminé. *Quid* s'il ne présentait point ce caractère?

Si le corps est indéterminé, il n'y a qu'une créance; partant, la propriété ne sera point acquise, comme quand il s'agit d'un corps certain, au moment même de la convention; le paiement seul la constituera. Dans cette hypothèse, les règles ordinaires reprendront leur empire.

Supposons la dette de deux arpents indéterminés; supposons aussi le créancier et le débiteur décédant l'un et l'autre et chacun à la survivance de deux héritiers. Chaque successeur du débiteur devra à chaque héritier du créancier un arpent de terre. Dans ce cas, la division est numérale, et non pas *in partes singularum rerum*. La maxime : *Numero scinditur obligatio*, recevra ici son application. Si, au contraire, un corps certain figurait dans l'obligation, la division aurait lieu, non pas *in numerum*, mais *in partes singulārum rerum*, *tam active quam passive*. Ce. que nous avons dit plus haut nous dispense de tous détails propres à justifier la vérité de notre proposition.

Deuxième hypothèse. — « Lorsqu'il résulte de la nature de l'engagement que l'intention des parties a été que la dette ne pût s'acquitter partiellement. » On peut donner pour exemple une dette alternative de 500 fr. ou de 200 boisseaux de blé. Supposons que le débiteur meure et laisse deux héritiers : l'un ne pourra point fournir la moitié de la somme, et l'autre la moitié du blé. S'il en était autrement, le créancier n'atteindrait point son but, et il éprouverait un grave préjudice.

De même, si le débiteur s'était engagé à livrer un arpent de terre indéterminé, et laissait deux héritiers, l'un ne pourrait point livrer la moitié d'un arpent, l'autre la moitié d'un autre arpent. Les mêmes raisons dictent encore les mêmes principes.

Le créancier pourra donc, dans les deux cas que nous venons d'énumérer, refuser de recevoir les offres du débiteur qui ne veut point obtempérer à la loi du contrat. Il pourra donc exiger de lui l'autre moitié de la somme ou de l'arpent de terre, ou bien encore la totalité du blé ou d'un autre arpent, au choix de l'héritier, dans le cas où ce choix lui appartiendrait réellement. Mais alors le premier héritier aurait contre le créancier la *condictio indebiti*, à l'effet de se faire rembourser ce qu'il aurait payé indûment.

Ces quelques exemples suffissent pour nous faire

connaître le trait caractéristique de l'espèce que nous venons d'examiner. La raison suffit d'ailleurs pour suppléer à ce que notre parole aurait laissé de défec-, tueux. Nous n'en dirons pas davantage, et cela pour les mêmes motifs, sur le troisième cas qui va faire l'objet de notre attention, et par lequel nous termi-nerons la matière des obligations indivisibles.

Troisième hypothèse. — « Lorsqu'il résulte soit de la fin qu'on s'est proposée dans le contrat, etc. »

L'art. 1244 du Code Napoléon reconnaît, en termes formels, qu'entre un créancier et un débiteur, une dette divisible ne saurait être acquittée partiellement. La convention expresse que le paiement ne se fera point par fractions sera donc ici illusoire. Toutefois, on pourrait se demander si une pareille clause n'en-gagerait point les héritiers. A cette question, n'hési-tons pas à répondre d'une manière négative. Pour que les héritiers fussent engagés, il faudrait quelque chose de plus. Il faudrait qu'à raison des circonstances, les parties eussent entendu déroger aux règles du droit commun, par rapport à ceux qui doivent succéder un jour en leur lieu et place.

On peut citer le cas où l'on s'est obligé à payer une somme de 1,000 fr. pour faire sortir un débiteur de prison ; le cas encore où l'on a contracté l'engagement de fournir tant de denrées pour composer les victuailles d'un vaisseau qui va bientôt mettre à la voile. Dans l'un comme dans l'autre cas, chacun des héritiers peut être poursuivi pour le tout, condamné même pour le tout, malgré ses offres de paiement partiel, aux dommages et intérêts. Mais s'il met en cause ses cohéritiers, la condamnation devra se diviser conformément aux principes que nous avons exposés plus haut.

Ici se termine notre tâche. Comme on le voit, nous nous sommes attaché, par-dessus tout, à suivre une bonne méthode, convaincu que, sans une base solide, tout édifice doit nécessairement crouler. Appuyé sur un pareil fondement, nous avons appelé à nous l'analyse et la synthèse, et ce sont elles qui nous ont puissamment aidé dans nos divisions, distinctions et classifications. Sœurs inséparables, elles donnent la vie aux théories, en les rendant moins arides, moins abstraites et, par suite, plus lumineuses. Les citations ne nous ont point fait défaut; elles ont ajouté la force imposante de leur autorité à la vigueur moins imposante peut-être du raisonnement. Heureux si tant de secours ne nous ont point été inutiles! Heureux si, dans le chemin que nous avons parcouru, nous nous sommes montré constamment docile à la voix de la raison et de la vérité!

PROPOSITIONS ET QUESTIONS.

DROIT ROMAIN.

1. Le contrat littéral avait-il, sous Justinien, le même caractère que dans les premiers âges de Rome ? — Non.

2. La vente était-elle, en droit romain, translative de propriété, ou simplement productive d'obligations? — Elle était seulement productive d'obligations.

3. La *litis contestatio* opérait-elle novation *ipso jure* dans tous les cas? — Non.

4. Les servitudes constituées par pactes et stipulations ont-elles toujours été considérées comme de véritables droits réels ? — Non.

DROIT CIVIL.

1. Les donations faites par contrat de mariage peuvent-elles être révoquées par la séparation de corps ? — Oui.

2. La possession d'état suffit-elle pour établir la filiation purement naturelle ? — Oui.

3. L'hypothèque légale de la femme mariée produit-elle ses effets à dater du contrat même de mariage, ou seulement à dater de la célébration ? — Elle ne produit ses effets qu'à dater de ce dernier acte.

DROIT ADMINISTRATIF.

L'interprétation des conventions diplomatiques ne peut-elle pas quelquefois donner lieu à une discussion ou à un recours contentieux ? — Oui.

DROIT DES GENS.

L'extradition (nous ne l'envisageons ici qu'en matière criminelle ordinaire) est-elle fondée en droit ? — Oui.

DROIT CRIMINEL.

1. Le principe de la non-cumulation des peines est-il applicable en matière de simple police? — Non.

2. La peine de la dégradation civique, telle qu'elle est organisée dans notre Code pénal, ne mérite-t-elle point de nombreux reproches? — Oui.

Approuvé :

Le Doyen de la Faculté,
LAURENS.

Vu :
Le Recteur,
A. MOURIER.

Toulouse, le 2 avril 1852.